LES
INDUSTRIES BIZARRES
PAR
PAUL BORY
A Mame & fils
Editeurs à Tours

LES

INDUSTRIES BIZARRES

———

GRAND IN-8º CARRÉ

La soie, rafraîchie avec l'éponge humide, recouchée par le fer chaud,
prend un lustre nouveau. (*Les vieux chapeaux*.)

LES
INDUSTRIES BIZARRES

PAR

PAUL BORY

TOURS

MAISON ALFRED MAME ET FILS

M DCCCC

AVANT-PROPOS

La vie des grandes agglomérations présente un spectacle qui ne lasse jamais l'intérêt et plonge forcément l'observateur, même le plus ordinaire, dans un étonnement perpétuel.

En voyant ces foules s'agiter, on ne peut s'empêcher de remarquer combien est grand le nombre de ceux qui sont manifestement des déshérités, à qui les apparences ne permettent d'assigner aucune profession, aucun emploi, aucune industrie.

Si l'on en croit les statisticiens, Paris compte à lui seul plus de cent mille êtres de ce genre qui, chaque matin, ne savent ni s'ils mangeront ce jour-là, ni s'ils auront un gîte. Ce sont des existences problématiques, sans cesse aux prises avec l'inconnu dans la lutte pour la vie entendue dans son sens le plus étroit. Et pourtant ces gens, victimes pour la plupart de leurs vices, de leur insouciance ou de leur horreur de toute dépendance, ceux mêmes que la misère a jetés dans les plus bas-fonds de la société, finissent par manger ou à peu près.

Comment font-ils? C'est leur secret; c'est surtout le fruit d'une ingéniosité que le besoin aiguise au delà de ce qu'on peut imaginer.

Il en résulte toute une catégorie d'individus déclassés, qui n'ont pour vivre que le gain obtenu de métiers impossibles, ou répugnants ou inattendus. Observés de près, ils fournissent les éléments d'intéressantes études qui ont tenté plus d'une plume et plus d'un pinceau, car la matière surabonde.

A chaque pas fait dans ce monde d'en bas surgissent de nouveaux tableaux montrant à l'écrivain le plus documenté que le sujet est inépuisable et que, même sur l'album le plus riche, il y a toujours place pour de nouveaux croquis.

Ce sont les nôtres que nous présentons aujourd'hui en racontant les *Industries bizarres*, sans autre prétention que d'apporter une très modeste contribution à la peinture toujours inachevée de la misère humaine.

LES
INDUSTRIES BIZARRES

LE
POURVOYEUR DE VIPÈRES

Il y a quelques années déjà, des Anglais achetaient à Paris plusieurs milliers de crapauds destinés aux jardins botaniques de Londres.

Le fait, publié et commenté, lança les flâneurs, les quêteurs de nouveau, à la recherche du marché aux crapauds, lequel, disait-on, se tenait aux Halles. Ils eurent beau chercher, ils ne découvrirent rien que ce marché restreint où les gastronomes s'approvisionnent d'arrière-trains de grenouilles, que les amateurs, — grand bien leur fasse! — déclarent être un mets de fin gourmet.

Il n'y a pas de marché aux crapauds; mais les grainetiers du quai se chargent de vous procurer du crapaud commun à un franc par tête. Des fournisseurs de province assurent la livraison des commandes.

Le Muséum d'histoire naturelle, les vivisectionnistes, les professeurs de physiologie, avaient, il y a peu d'années encore, un pourvoyeur particulier, qui était une curieuse figure parmi tant d'autres que recèlent les mystères de la grande ville.

C'était un ancien élève en pharmacie, qui, au sortir de l'École, n'avait pu se résigner à vivre dans l'encadrement polychrome d'une boutique d'épicier savant.

Antoine Dor, — donnons-lui ce nom, — habitait un rez-de-chaussée près l'église Saint-Pierre de Montrouge, tout au bout de Paris. Son logis, — on pouvait dire sa tanière, — était meublé d'un lit large comme la main, d'une *bibliothèque* de toxiques violents, d'une table encombrée de fossiles et de plaques de liège destinées au crucifiement de petits squelettes blancs. Sur un établi reposaient les armes du chasseur de crapauds et de couleuvres : un long cylindre en fer-blanc, une énorme boîte à herborisation, un seau, des filets et d'immenses bottes d'égoutier.

En des bocaux rangés le long du mur et qui formaient tenture, des chairs jaunes et vertes baignaient dans l'alcool. Une odeur de choses passées parfumait ce logis bizarre, pavé de carreaux rouges devenus gris.

Antoine Dor, qu'on pouvait considérer comme le dernier des Mohicans de Paris, était toujours vêtu d'étoffes à teintes mortes, vaguement brunes, d'un aspect flou, vaporeux, tirbouchonnant, qui rendaient plus nettes les arêtes de son visage démoniaque et doux en même temps. Pas de lèvres. Un nez tombant, une moustache tombante, une barbe tombante. Son rire était endeuillé par les petites raies noires qui enchâssaient ses dents. Des cheveux rares et longs, tombant sur ses épaules basses, semblaient cousus aux bords d'un béret étroit collé à son crâne comme une calotte de liège.

Il avait un âge indéterminable : vingt-cinq ans, trente, quarante peut-être.

Il ne faisait que de rares apparitions dans l'espèce d'ossuaire qu'il habitait et qui contenait pour plus de vingt mille francs d'insectes, de minéraux, de grenouilles, de lézards et d'autres reptiles préparés anatomiquement. L'huis fermé, des couleuvres en captivité allaient prendre possession du petit lit de sangle.

Devenu Bas-de-Cuir, Antoine Dor pourchassait tous les individus de la faune française ou parisienne. Il avait une correspondance suivie avec un grand nombre de savants, dont il était la providence pour les besoins de leurs cours et de leurs démonstrations scientifiques.

Un chargé de cours d'une Faculté de province lui écrivait, la veille :

« Mon cher Dor,

« Veuillez m'envoyer pour mardi prochain les types de transformation de la grenouille. »

Le consul d'une république américaine lui avait bien adressé, un jour, une carte ainsi libellée :

« Monsieur,

« Mon gouvernement me demande deux mille larves de bombyx (ver à soie). Pouvez-vous me les procurer ? »

Un collectionneur de mousses lui a réclamé avec instance, — presque avec prière, — le lichen d'or qui couvre certaines montagnes de la Nouvelle-Calédonie.

En deux jours, notre Bas-de-Cuir avait trouvé les deux mille bombyx demandés.

Quant au lichen, il se l'était procuré par échange, troquant un crapaud à éperons contre la mousse à toison d'or; et il avait assez de têtards en réserve pour contenter toutes les universités de France et de Navarre.

La chasse aux bestioles était pour lui une joie. Il rôdait la nuit autour des mares où les crapauds tambourinent leurs amours (certains chants de crapauds semblent être des appels de tambour), et, l'aube venue, il avait ramassé quelques dizaines de ces bruyants soupirants.

Il s'en allait à travers champs, cueillant des fleurs et des hérissons qu'il emmagasinait dans sa grande boîte, laquelle, émergeant sur son échine maigre, lui donnait l'air d'un joueur d'orgue de Barbarie trimbalant l'instrument de supplice.

Au midi, accroupi dans un fourré, il guettait les couleuvres qui se trahissaient par leur ondulement dans les herbes et les capturait d'un bond. D'un coup de filet rapide et savant il emprisonnait des lézards assez imprudents pour se prélasser au soleil en gonflant d'air leurs bajoues écailleuses. Si prompte que fût leur fuite, elle ne les sauvait pas d'Antoine Dor.

La vipère, la dangereuse vipère elle-même, qu'elle fût noire, grise ou rouge, n'échappait pas à ses coups en dépit de son agilité. Il avait un véritable don pour se mettre hors d'atteinte des attaques de ce redoutable gibier. Guêtré haut, les membres couverts de ses vêtements d'indécise couleur, mais de solide étoffe, les mains garanties par des gants de peau épaisse, il semblait se jouer des morsures. Quand il apercevait un *sujet*, il le suivait à la piste ou le poursuivait sans relâche jusqu'à ce qu'il l'eût capturé au moyen de son long cylindre de fer-blanc.

Le plus souvent il se glissait comme un Apache dans les repaires de son gibier, et, avec une habileté sans égale, il

La pêche au sommet du Mont-Ussy.

saisissait le reptile derrière la tête, au point voulu pour éviter sa morsure et le mettre hors de combat.

La nuit, au chant des rainettes, armé d'une lumière traîtresse, il chassait les insectes nocturnes, emprisonnait les poétiques lucioles, guettant tout ce qui vole et tout ce qui rampe.

Quand la saison ou ses loisirs ne lui permettaient point les excursions lointaines, il s'en allait tranquillement explorer les mares de la banlieue parisienne pour y récolter les dityques et les hydrophiles que recherchent les amateurs de coléoptères.

Le singulier accoutrement qu'il promenait en ses vagabondages à travers la France lui attirait sans cesse de nouveaux désagréments. Les gendarmes de province, les gardes champêtres, maires et adjoints, avaient pour le contenu de sa mystérieuse boîte des prurits de curiosité qu'il avait toutes les peines du monde à ne pas satisfaire. Dès qu'un incendie s'allumait quelque part où il avait paru, on lui courait dessus comme l'inévitable auteur du malheur, et bien des fois il dut aller, entre deux gendarmes, exhiber à M. le maire des papiers pourtant fort en règle. Les gardeuses de moutons se signaient avec effroi quand elles le voyaient franchir une haie, en un effort de ses grandes jambes de sauterelle.

Toute cette terreur avait fini par l'amuser; il en parlait avec un retroussis dédaigneux de sa bouche, en homme se complaisant en la fréquentation des petites bêtes.

Il racontait cependant, non sans un réel émoi, qu'il avait dû un jour jouer des poings contre un commissaire de police de la banlieue suburbaine, qui voulait le déposséder d'un magnifique silex, taillé en hache, ramassé dans l'ornière du chemin. Ce pour quoi il combattait en cette circonstance, ce n'était pas sa liberté, c'était la pièce rare qu'un vandale prétendait lui ravir.

Redevenu citadin après ses excursions en Auvergne, en Berry, en Champagne, Antoine Dor faisait l'inventaire de son butin, et voyait s'il pouvait faire face, l'automne venu, aux commandes universitaires.

Il établissait ses cours :

Les vipères, six francs pièce;

Les couleuvres, cinq francs;

Les crapauds, entre cinquante et quatre-vingts francs le cent.

Les grenouilles n'étaient pas d'un prix élevé: à peine vingt-cinq francs le cent.

Il donnait cent insectes communs pour la même somme; des papillons indigènes à des prix variables, sauf pour les espèces nocturnes, dont la valeur est toujours maintenue à cause de la difficulté de leur capture.

Les types rares n'avaient pas de cours. Le crapaud à éperons se vendait dix francs, et il cédait à six francs les caméléons que ses correspondants lui envoyaient d'Algérie.

Il aimait à troquer au hasard des rencontres du quartier Latin. C'est ainsi qu'un jour il vendit pour cinq cents francs de carapaces de crustacés à un Anglais amateur de crabes. Il fallut deux voitures à bras pour faire la livraison de cette singulière marchandise.

En hiver, Antoine Dor continuait sa chasse dans les carrières de Paris, dans les catacombes, dans les égouts, toujours à la recherche du document physiologique rare dont a besoin quelque savant pour la poursuite de ses découvertes.

C'est ainsi qu'il fut donné à l'un de nos amis de prendre part à une chasse des plus singulières, à laquelle Dor, son intime, l'avait un jour convié.

« Je possède aux environs de Paris, lui dit-il, une chasse de quarante kilomètres,... quarante kilomètres de long, sur un mètre de largeur. Venez-vous? N'objectez pas votre inhabileté de tireur, car mon gibier se laisse prendre à la main. On en capture des compagnies de quarante à cinquante. On saisit le gibier entre le pouce et l'index; ses voisins suivent sans résistance dans la grande boîte en fer-blanc qui sera notre carnassière.

— Mais de quel gibier s'agit-il donc, et où me menez-vous? lui demanda notre ami commun.

— J'ai le plus grand désir de mettre enfin la main sur la chauve-souris blanche, un sujet hors ligne que j'ai découvert, il y a quelques années, sous la voûte de l'aqueduc abritant les conduites de la Vanne. Si je ne suis pas favorisé, du moins nous rapporterons une abondante moisson de chauves-souris ordinaires. Nous pourrons satisfaire aux demandes d'un professeur à la Sorbonne et nous réserver en même temps les éléments d'une délicieuse friture.

— Comment! vous mangez des... chauves-souris? fit notre ami stupéfait.

— Et vous verrez que c'est exquis. Seulement on ne peut se régaler ainsi que chez soi, car les hôtelières, imbues de préjugés, ne consentent point à prêter leurs poêles pour la cuisson de ces bêtes qui ont quatre pattes et qui volent. »

Tout en cherchant à convaincre son compagnon, Antoine Dor s'acheminait vers l'aqueduc qui franchit la Bièvre au-dessus d'Arcueil, en appuyant ses piliers sur celui que Marie de Médicis fit construire pour amener au Luxembourg l'eau des sources de Rungis.

Chemin faisant, il l'initiait aux mœurs de ce nouveau gibier.

« Très propre, la chauve-souris, ajoutait-il avec un certain air de protestation contre l'aversion générale dont l'animal est l'objet, bien à faux selon lui. Elle a de petits yeux bien éveillés et une jolie robe de velours bien soyeux. Seulement c'est un mammifère qui a le tort d'avoir des ailes, ce qui le fait remarquer. Comme régime alimentaire, la chauve-souris s'en tient uniquement aux insectes auxquels elle fait une chasse acharnée. On doit la considérer comme un des meilleurs épurateurs de nos champs et de nos vergers. En une nuit, une chauve-souris

La chasse aux chauves-souris dans l'aqueduc d'Arcueil.

dévore et digère une quantité d'insectes égale à trois fois son poids. C'est dire suffisamment que son appareil digestif possède une puissance considérable, et que les intestins sont courts et actifs.

« C'est une excellente mère, qui, dès qu'elle sent le poids de sa maternité prochaine, se met en quête du creux de rocher où elle bâtira son nid. Quatre ou cinq branchettes d'acacia comme charpente et, enlacés dans cette carcasse, des débris de coton et de laine pour capitonner le refuge des trois petits·mammifères chauves et rouges auxquels elle donne naissance et qu'elle allaite avec un soin assidu entre deux chasses aux bestioles. Mais comme elle redoute pour sa progéniture les rôdeurs de routes, elle construit le berceau en forme de vrille, de façon que les petits gîtent à quinze ou vingt centimètres de l'ouverture, à l'abri de toute aventure.

« Tant que dure la belle saison, les chauves-souris se livrent à des courses folles au clair de lune, à l'heure où les vrais oiseaux sont couchés. Mais, les premiers froids venus, elles se réunissent en « compagnies » et se cachent flanc contre flanc en quelque trou de carrière, en quelque excavation de grotte. L'aqueduc de la Vanne est un de leurs refuges de prédilection. »

Sur ces entrefaites, les deux chasseurs avaient atteint une sorte de caverne donnant accès, à droite et à gauche, dans le boyau noir où gît l'immense serpent de fer qui conduit à Paris les eaux claires de la Vanne.

« Attention ! cria Antoine Dor à son invité. Enjambez le tuyau; placez un pied à droite du tube, l'autre à gauche. Sitôt la bougie allumée, nous ne tarderons pas à cueillir quelque solitaire incomplètement engourdie. Elles s'agrippent des quatre pattes aux aspérités de la voûte et ressemblent, aplaties et comme vides, à des toiles d'araignée. Clopin-clopant, nous allons « boiter » aussi longtemps qu'il faudra; mais nous rapporterons notre gibecière pleine. »

Et, prenant les devants, sa bougie à la main, le nez à la voûte, Antoine Dor avançait rapidement, en dépit des chutes fréquentés qu'il faisait sur le tuyau, qui résonnait lugubrement sous les coups de sa grande boîte de fer-blanc.

Il fallait suivre, sous peine de demeurer dans cette obscurité froide, agrémentée de coulées d'air glacial qui souffletaient la face.

Au bout de vingt minutes de cette singulière déambulation, Antoine Dor, qui balayait consciencieusement avec sa tête toutes les araignées de la voûte, poussa une exclamation satisfaite qui était pour son compagnon un encouragement bien nécessaire; et, élevant la bougie, il lui montra une grosse boule de peluche noire à reflets bleus qui remplissait une excavation pratiquée dans l'épaisseur de la maçonnerie.

« Vous voyez! insinua-t-il. Elles se tiennent suspendues les unes aux autres par les pattes. Vous pouvez les toucher! Non? Cela vous répugne, parce qu'elles sont froides et comme mortes? On les prend comme ça, tenez! »

Et, les yeux brillants de contentement, il cueillait grain à grain cette grappe de bestioles endormies tout en murmurant en aparté :

« Si je pouvais dénicher la chauve-souris blanche! Vingt-cinq centimètres d'envergure! Mais c'est le diable à attraper, car elle ne dort que d'un œil, et dès qu'elle aperçoit de la lumière, frrrt! elle s'envole. »

Enfin, après avoir clopiné durant deux heures sur cet incommode terrain de chasse, Dor consentit à sortir du long boyau, ayant recueilli deux cent soixante chauves-souris.

« Je n'avais pas exagéré, fit-il fièrement à son camarade, en vous promettant deux cents pièces au tableau! »

Quand, en franchissant la barrière d'octroi, Antoine Dor déclara sérieusement qu'il portait du gibier dans son énorme boîte, l'employé, qui s'avançait pour vérifier, crût avoir affaire à un mauvais plaisant et ne put retenir un geste de dégoût en refermant le couvercle.

« Je vous assure que cela se mange, » observa Antoine Dor.

Il n'eut pas, malgré cela, de droits à acquitter.

En revanche il allait, le lendemain, livrer le produit de sa chasse à un professeur au Collège de France, qui se livrait à des recherches sur les chauves-souris et qui lui remit la jolie somme de cent trente francs pour prix de sa journée de la veille.

VIEUX CHAPEAUX

Un après-midi, assis à ma table de travail, je burinais péniblement un chapitre du présent volume, quand une rumeur du dehors me fit regarder à la fenêtre.

La foule s'était amassée autour d'un splendide équipage stationnant devant la maison voisine. Quatre chevaux luxueusement harnachés piaffaient sous deux superbes jockeys à la Daumont; derrière, deux grands gaillards en livrée éblouissante, à culotte courte, se tenaient accrochés aux bretelles. Il en sortit bientôt un monsieur tout pimpant, portant à la main deux paquets cylindriques que je reconnus aussitôt pour être des chapeaux.

Cette superbe voiture servait tout simplement à un chapelier pour la livraison de sa marchandise.

Il y avait là de quoi être surpris.

Curieux par nature, flairant un mystère intéressant, je dégringolai mes escaliers pour mieux voir et m'informer.

C'étaient bien de vulgaires chapeaux, et même des chapeaux à très bas prix, qu'on trimbalait dans ce merveilleux carrosse.

Ainsi que tout Parisien, j'avais bien vu les réclames tapageuses et les *montres* éblouissantes des chapelleries au rabais, mais je ne les avais jamais regardées que d'un œil indifférent; aussi mon attention se trouva-t-elle fortement éveillée au spectacle de cet équipage.

Je me demandai aussitôt par quel phénomène une industrie si modeste en apparence pouvait réaliser des bénéfices assez considérables pour faire face à d'aussi lourdes charges, ou bien si des artifices de fabrication procuraient le gain suffisant.

J'entrevis là un problème dont je me promis de chercher la solution.

Cette solution, je l'ai trouvée, non sans mérite, pourrai-je dire, chers lecteurs ; car, pour vous la présenter, je suis allé dans les réduits les plus infects, j'ai fouillé des monceaux d'immondices où se cachent, desquels on tire ou dans lesquels sont manipulés les éléments de tout ce clinquant.

Il y a là toute une genèse qui vaut d'être contée.

Le germe, le *protoplasma* de ces mirifiques *huit-reflets* dont le prix varie de trois à dix francs, selon qu'ils sont vendus au fond d'une cour ou dans un brillant magasin des boulevards, le point initial est la défroque recueillie par ces négociants qui parcourent les rues en criant :

« Av've-vous d'vieux habits, d'vieux chaaapeaux à vaaand' ? »

Vous avez pu les voir, portant au bras un chapelet de *bolivars* défoncés, rougis, informes, en même temps que leur échine fléchit sous le poids des nippes dont les ménagères se sont débarrassées.

Quand leur récolte est suffisante, ils la cèdent en gros aux industriels spéciaux qui vont la transformer.

Il y a un cours de vieux chapeaux absolument comme il y a un cours de la rente, de la farine et du... Panama. Il tourne habituellement autour d'un franc pour le « choisi » et de soixante centimes pour « l'affaissé ».

Un premier triage opéré loin des regards profanes classe dans une catégorie privilégiée les chapeaux simplement défraîchis,

La « galette ».

ceux qui proviennent des élégants dont l'habitude est de fréquemment changer de *couvercle*[1].

Ils sont soigneusement battus. La soie, rafraîchie avec l'éponge humide, *recouchée* par le fer chaud, prend un lustre nouveau. Les bords, passés à la benzine ou à l'alcool chaud, semblent

[1] Le lecteur nous permettra d'employer les expressions techniques, quelque bizarres qu'elles lui paraissent.

récemment posés ; une *coiffe* et un *cuir* neufs complètent sa toilette. Celui-là n'a presque rien coûté, mais il sera vendu dix francs.

Dans une catégorie inférieure viennent les coiffures cassées, souillées, déchirées, celles que le vulgaire pourrait croire inutilisables. Et alors s'accomplit toute une série d'opérations auxquelles nous convions nos lecteurs, en leur recommandant de soigneusement... se boucher le nez, car les matériaux à mettre en œuvre se présentent sous des dehors invraisemblables pour la forme, la couleur et l'odeur.

Il ne faut pas moins de six cent mille vieilles coiffures pour alimenter l'industrie de la *niolle,* ou retapage des vieux *soies ;* et comme les marchands d'habits ne pourraient fournir de pareilles quantités, on les importe de l'étranger, principalement d'Angleterre et d'Allemagne.

J'ai vu arriver et déballer de ces envois qui contiennent jusqu'à trois mille *sujets.* Cela défie toute description.

D'un côté, les *galettes* laquées qui sont la carcasse du chapeau, entassées, pressées, foulées comme des soufflets d'accordéons ; de l'autre, la peluche, sordide amas de loques informes, puantes, réceptacle de tous les microbes, provenant indifféremment des peladeux, des varioleux, des cadavres des morgues ou des résidus des prisons et des hôpitaux.

Les *vétérans* arrivent ainsi tout démontés, afin de pouvoir passer en douane sous la dénomination économique de *vieux chiffons.*

Au sortir du ballot, ces amas de malpropretés sont violemment battus au-dessus d'un baquet plein d'eau qui recueille le gros de l'armée des germes pestilentiels dont ils sont peuplés. Puis on retire la coiffe intérieure, qui se vend pour la papeterie ; le *bourdalou* va au dégraisseur ; le cuir est transformé par le fabricant de jouets en petits fouets ou en harnais pour les chevaux de carton ; on y taille encore des porte-monnaie à bas prix ou des *poignées* pour les blanchisseuses.

Le « joint ».

Après cette préparation, la *galette* est *potencée* à neuf : une couche de gomme laque sur la carcasse redressée au fer chaud, et voilà une *galette* toute neuve, légère et solide autant que n'importe quelle. Se rencontre-t-il une cassure récalcitrante, une coupure ou un trou, on applique un morceau de tulle sur la blessure, entre deux couches de gomme ; puis un coup de fer habile dissimule toute cicatrice.

Sur cette *galette* ainsi refaite, on retend une *peluche,* qui, elle aussi, a subi diverses métamorphoses. Puisée au tas sordide de tout à l'heure, elle a bouilli dans une lessive, elle a été reteinte ensuite ; puis celles qui sont usées au bord sont retaillées, recousues et replacées sur une forme. Si leur état de délabrement interdit cette régénérescence, le *niolleur* n'est pas embarrassé pour établir son *refait ;* il taille des fonds dans les *flancs* d'autres *soies,* et il en est quitte pour *décatir une rosette,* c'est-à-dire pour donner à la peluche du fond le mouvement circulaire qu'on voit à tous les chapeaux. S'il y a des trous, on les rebouche au moyen de *joints,* c'est-à-dire de pièces ajustées bord à bord et rendues invisibles. Les bords et les *bourdalous* utilisables reprennent leur place après les opérations nécessaires ; puis une coiffe et un cuir neufs, — pas toujours ! — achèvent la transformation.

Il faut en moyenne trois vieux chapeaux pour obtenir deux bons « refaits », car les peluches anciennes, usées sur les bords, ne donnent souvent pas l'ovale exact de la « rosette ». On prend alors les deux premiers fonds sur les flancs du troisième chapeau.

Quelquefois cependant la coiffe entière peut être utilisée après lavage, dégraissage et teinture, bien que chacune de ces opérations s'exécute rarement sans infliger quelque blessure au *sujet.*

Il y a donc, en résumé, deux sortes de *refaits :* ceux dont on se contente de nettoyer, de *potencer* la *galette* en remplaçant les accessoires, et ceux qu'on reconstruit entièrement comme si l'on travaillait dans le neuf.

La demi-façon des premiers revient à un franc cinquante centimes ; la réfection totale des seconds coûte quatre francs. Ajoutez à cela le prix d'achat, les fausses coupes, le loyer..., que

sais-je? et surtout l'interdit jeté par la corporation sur le
pauvre diable qui s'adonne à la *niolle,* et vous trouverez que
notre artisan ne doit pas se retirer souvent des affaires après
fortune faite.

Le tournurier.

Pourtant, grâce à l'étonnante adresse du retapeur, on obtient
des chapeaux véritablement séduisants et d'un très bon usage,
vu la modicité de leur prix.

Il ne reste plus qu'à présenter l'article dans un cadre capable
de séduire le client, l'amateur de *beau* à bon marché.

Il y a des gens réputés *chics* qui ont recours au *niolleur,* et
qui sont assez ingrats pour ne pas s'en vanter. Peu rigoristes sur

les principes de l'hygiène, mais ménagers de leurs *pistoles,* ils acceptent carrément cette promiscuité redoutable du chapeau refait et économique. N'est-ce pas pour les excuser d'avance que La Rochefoucauld a dit : « L'intérêt est le mobile de nos plus belles vertus. »

L'industrie des *refaits,* — c'est le nom donné à ces ressuscités, — fait vivre un certain nombre d'ouvriers ; mais elle enlève le travail à une quantité d'autres qui réclament énergiquement et font tous leurs efforts pour mettre à l'index ceux qui se livrent à ce commerce.

Modestes pourtant, — ainsi qu'on a pu le voir, — ceux qui cherchent à utiliser dans ce métier de *savetiers de tête* leur habileté professionnelle et à combattre les effets des chômages trop fréquents dans *le neuf.* Habituellement ils exercent dans quelque fond de cour bien sombre, bien humide. Ils ne connaissent pas le luxe des grands magasins des boulevards éclairés à l'électricité ; ils laissent cela au propriétaire de l'équipage puffiste de tout à l'heure. L'atelier n'emploie guère que deux ou trois compagnons aussi besogneux l'un que l'autre ; souvent même le *niolleur* travaille seul avec sa *patronne.*

Quelque justes que soient les réclamations du corps d'état auquel il appartient, on ne peut refuser au pauvre *niolleur* une certaine sympathie.

Cependant nous ne pouvons terminer sans dire, d'après les commissions d'hygiène publique composées des docteurs les plus éclairés, les plus compétents, que rien n'est aussi dangereux que l'usage des chapeaux retapés, parce que toutes les opérations que nous avons énumérées ne sont pas toujours suffisantes pour détruire les germes infectieux qu'ils renferment et empêcher la communication d'épouvantables maladies.

LA

BROCANTE DES ROSSES

Elle est de deux sortes ; pour mieux dire, elle s'exerce sur deux catégories de marchandises : le cheval vivant, le cheval mort.

Mais, mort ou vivant, l'objet de ce négoce n'en est pas plus séduisant.

Lorsque la rosse doit figurer sur le marché, son possesseur du moment l'achemine, suivant la somme de force qui actionne encore la pauvre bête, soit vers le marché aux chevaux, soit vers l'abattoir.

Deux fois par semaine, à Paris, le mercredi et le samedi, le voisinage du Jardin des Plantes voit défiler de longues théories de chevaux pelés, boiteux, fourbus, qu'on a parés, pour tromper l'acheteur, d'un petit flot de rubans ou jaunes ou rouges qui leur donnent un faux air de vieille coquette essayant encore de remporter quelque succès.

Attachés à la queue leu leu, les pauvres bêtes arrivent quand même à l'emplacement qu'on décore du nom de marché aux chevaux.

Bien que leurs jambes affligées de boulets énormes les portent à peine, que leurs paupières devenues lourdes ne montrent plus que de tristes yeux en triangle, en dépit de leur queue et de leur crinière déplumées dont les crins ont disparu, *chipés* un à un par les garçons d'écurie, les malheureuses bêtes, malgré l'apparence, ne sont pas encore mûres pour l'équarrisseur. De nouveaux harnais pèleront leurs poils rêches. Sous la mèche du fouet, sous la trique, leurs muscles s'atrophieront jusqu'au jour où les os, crevant la peau, démontreront qu'il est temps enfin de les conduire à l'abattoir.

En attendant, résignées, les rosses sont attachées à des poutres munies d'anneaux, sous les pavillons à colonnes de fonte, où chaque maquignon loue une ou plusieurs cases dans lesquelles il expose sa macabre cavalerie.

Chose à peine compréhensible, cette lamentable marchandise trouve cependant des acheteurs : petits marchands, chiffonniers, voituriers de dernière catégorie, déménageurs, se la disputent néanmoins pour en tirer encore de maigres services maigrement payés, il est vrai. Dès qu'un acheteur s'indique, surgit on ne sait d'où un individu d'allures spéciales, sorte de courtier famélique qui s'intitule pompeusement *trotteur* et se charge, pour le compte du vendeur qui n'a point d'agent attitré, de *présenter* l'animal dont l'achat se discute.

Présenter un cheval sous toutes ses allures et le camper à son avantage devant la victime déjà empaumée par le *bagout* du maquignon, telle est la mission du trotteur.

Comment y parvient-il? Mystère. Toujours est-il que ces pauvres rosses tout à l'heure l'oreille basse, la jambe arquée, l'œil éteint, semblent se transformer sous la main habile du trotteur, qui arrive à ce résultat invraisemblable de leur donner momentanément une apparence de vigueur.

Sur un signe du maquignon, le trotteur s'empare de la bête et lui entoure la mâchoire inférieure d'un nœud coulant. Sous le claquement du fouet, le cheval part à une franche allure. La main droite posée près de la bouche du cheval, le trotteur conduit sa bête, pendant que la main gauche, armée d'un fouet à mèche cinglante, *travaille* sournoisement l'arrière-train. Sur le parcours, des *messieurs* couverts de complets cossus, — autres maquignons, — postés à quelques mètres l'un de l'autre, font *parler la mèche* sur le passage de la rosse.

Au commandement : « Amène ! » le trotteur arrête sa bête devant l'acquéreur, la présentant soit de croupe, soit de face, soit de flanc, selon la tournure et la place des tares à dissimuler, puis la pose par petites tapes sur l'encolure. Soutenant des deux mains la tête stupide de la pauvre rosse bousculée, harcelée, le trotteur attend, silencieux, le résultat de l'examen, surveillant avec soin le moment prochain où va tomber l'animation factice dont on a pourvu l'animal. Puis, au moment où l'effet prend fin, d'un coup d'œil entendu il se fait réitérer l'ordre de remettre l'animal en mouvement, opération un peu analogue à celle par laquelle on prétend ranimer une chandelle fumante.

Un type, en vérité, que le trotteur ! Maigre, jambe sèche sous le pantalon étroit, torse bien musclé, le trotteur est bon écuyer. Il le faut pour parvenir à mettre en branle les rossinantes qu'il enfourche. Habituellement il monte à nu, se bornant à ramener sous ses cuisses les pans de sa blouse, afin de protéger un peu ses *frusques* contre les morsures des échines en dents de scie. Penché en arrière, les talons battant le rappel, il appuie ferme sur les barres du cheval, laissant croire à une vigueur exagérée de sa monture. Avec sa casquette à visière et sa blouse gonflée par le vent, les coudes agités d'un battement d'ailes d'oie grasse, le trotteur est incontestablement une physionomie dans ce monde douteux des maquignons.

Quand il s'agit d'un confrère, on se borne à faire valoir la rossinante par les seules ressources du trotteur : les loups ne se mangent pas entre eux. Les trucs usités contre l'acheteur ordinaire seraient d'ailleurs employés en pure perte, puisqu'ils sont connus de l'intéressé. Mais si le maquignon a devant lui un non initié, — et il le reconnaît bien vite, — on n'hésite pas à déployer toutes les ressources de filouterie qui font la base du commerce des maquignons. Leur application est encore du ressort du trotteur, le maquignon restant en apparence absolument étranger à tout ce qui n'est pas le débat du marché.

Lorsque la rosse confiée à ses soins est incapable de soulever ses pauvres sabots épatés, craquelés comme des espadrilles de chiffonnier, le trotteur possède des recettes qui, en un tour de main, lui *donnent du sang* pour quelques minutes.

Tout d'abord les vieilles plaies, les gales de toutes sortes sont dissimulées plus ou moins sous un enduit quelconque assorti à la couleur de la robe; les craquelures sont bouchées avec du mastic recouvert de graisse à sabots; les ignobles salières qui surmontent les yeux disparaissent comme par enchantement au moyen d'une aiguille creuse par laquelle on insuffle de l'air dans ces cavités lamentables, capitonnées à neuf pour quelques heures. Les dents sont limées de façon à faire croire que le cheval, hors d'âge, marque encore. Enfin on lui donne le picotin.

Rien n'est curieux comme *l'aller* d'une vieille bête qui a *mangé son picotin*. Le picotin est une pincée de poivre qui, administrée « de l'autre côté », donne à la rosse une bonne humeur pétaradante qui amuse fort les initiés et fait véritable-

ment croire qu'on a devant soi une vieille bête encore animée
d'un sang généreux.

Au commandement de : « Arrête ! » le trotteur arrête sa bête devant l'acquéreur.

Mais c'est surtout dans les clauses de la vente que se déploie
le talent de tromperie caractérisant le maquignon.

La rédaction de la formule de vente prête aux supercheries les plus inattendues, telle que celle-ci, par exemple :

Un acheteur ingénu signe, pour se conformer à l'usage, une formule ainsi rédigée :

« J'ai vendu à M. X... un cheval de quatre cent cinquante francs, sur lequel j'ai reçu un acompte de deux cent cinquante francs à valoir. Quant au reste, il ne sera seulement payable qu'à la livraison. »

Une heure plus tard, lorsque l'acheteur veut prendre livraison du cheval, le vendeur s'y refuse et il prend à témoin de son bon droit l'inspecteur du marché, fonctionnaire chargé de la police de l'endroit et remplissant en même temps le rôle de juge conciliateur. L'inspecteur, qui sait pourtant à quoi s'en tenir, ne peut que donner raison au vendeur ; il est désarmé ; le contrat est en bonne et due forme. L'acheteur ne peut que se retirer nanti seulement de l'adresse plus ou moins authentique de son vendeur, lequel se réserve de livrer la bête quand il lui plaira, c'est-à-dire jamais, le délai de livraison n'étant pas indiqué sur le contrat.

D'autres, ingénieux voleurs, ont imaginé de rédiger ainsi leurs actes de vente :

« J'ai vendu à M. X... un cheval *an* garantie de tout vice rédhibitoire. »

Le client ne prend pas soin de faire rectifier cet *an* irrégulier ou ne le voit pas ; cette faute d'orthographe lui échappe forcément à l'audition, et il néglige le plus souvent de relire le contrat. Après l'échange des signatures, le marchand déloyal transforme hâtivement le *an* en *sans*. Le tour est joué.

S'agit-il de chevaux tarés ou blessés ? On les présente tout harnachés. L'acheteur se laisse séduire par l'avantage d'un harnais économique, et il souscrit sans méfiance une formule de vente dans le goût de celle-ci :

« J'ai vendu à M. X... un cheval... *tel qu'il se poursuit et comporte.* »

Pendant que s'accomplissent les dernières formalités et que le payement s'effectue, un compère s'empresse d'enlever le harnachement complaisant, et l'acheteur est tout surpris de s'être rendu acquéreur d'un cheval borgne, aveugle ou fourbu.

Le marché est malheureusement licite, et l'inspecteur de police est obligé de laisser faire et de laisser passer..

La tromperie sur la marchandise revêt toutes les formes. Les compères substituent un cheval de même robe à un autre, et ils laissent une lamentable rosse entre les mains de l'acquéreur stupéfait. Celui-ci préfère parfois perdre son acompte, y ajouter encore de sa poche plutôt que de s'embarrasser du faux *bai brun* qu'on veut le forcer à prendre.

Une des prouesses les plus habiles de ceux qu'on désigne sous le nom de la *bande noire* consiste à prendre pour complice le vendeur gogo qu'on se propose de dévaliser :

« Combien votre cheval, brave homme ?

— Quatre cents francs.

— Quatre cents francs ! Ah ! tant pis, je serais bien allé jusqu'à deux cents. »

Et la conversation s'engage :

« Mais, au fait, s'écrie l'un des compères, on pourrait s'arranger. Justement X... (un compère) me fait son cheval huit cents francs, le double de ce qu'il vaut, parce qu'il me connaît. A vous, il le laissera peut-être à quatre cents. Nous partagerions, et vous me laisseriez le vôtre à deux cents francs. »

L'accord se fait ; la dupe se laisse prendre au piège, et les signatures s'échangent à la buvette, lieu obligatoire de toutes les transactions.

Par un hasard constant, la première formule de vente prête est celle du naïf, qui touche immédiatement les deux cents francs pour le cheval dont il voulait quatre cents. Au moment où la formule lui est présentée pour la signature, le second vendeur se dédit, et la comédie est jouée. Leurrée de la sorte, la victime n'ose même pas porter plainte, et les compères vont un peu plus loin poursuivre le cours de leurs exploits.

Cependant ces ventes fermes sont loin d'être les seules qui alimentent le commerce des maquignons. Tout comme les hauts banquiers de la finance, ils font entre eux surtout des marchés de compensation, et l'on se demande si l'on ne verra pas se lever bientôt le jour où eux aussi auront, ainsi que la grande banque, leur chambre de compensation. En attendant, leurs opérations se règlent dans un jargon spécial chez les marchands de vin des alentours. Les animaux qui en sont l'objet reçoivent aussitôt la marque de leur nouveau propriétaire, marque consistant en un découpage du poil à l'aide de ciseaux. Il n'est point rare de voir des fantômes de chevaux tout zébrés de marques de marchands, dont l'unique métier est de paraître sur le marché pour être échangés avec d'insignifiants écarts de prix.

Les marchés à terme n'étant pas admis à cette bourse spéciale, les malheureuses rosses remplacent pour les spéculateurs du lieu les Honduras et autres valeurs avariées qui se débitent ailleurs.

Quand enfin la rossinante n'est plus présentable sur le marché, elle est acheminée « chez Macquart », locution par laquelle on désigne l'équarrisseur.

Là même, sur ce calvaire chevalin, il y a des degrés : l'abattoir et l'équarrisseur.

L'abattoir, c'est la fin utile, presque noble, à la suite de laquelle la rosse passe à l'état de produit alimentaire.

En ce cas, l'abattoir est entretenu par les bêtes malades ou blessées qui peuvent *encore aller* et par celles qu'une vieillesse trop prolongée rend impropres à toute espèce de service.

En attendant leur tour d'être immolées, les rossinantes sont conduites dans les écuries alignées tout autour de l'abattoir, et reçoivent comme ration quotidienne une botte de foin et une botte de paille.

C'est avec les bêtes de cette sorte que sont alimentées les boucheries hippophagiques, car il ne faut compter que dans une très minime proportion les animaux en bon état, qu'un accident fortuit amène aux crochets de l'étal.

Il est certain que si les amateurs de viande chevaline avaient la curiosité fâcheuse de venir donner un coup d'œil aux « bouveries », dans lesquelles attendent les succulents biftecks dont on vante tant la délicatesse, ils seraient guéris à tout jamais de leur goût pour l'hippophagie. Heureusement pour eux, ils ne les voient pas.

Quand un marchand a fait son choix, on sort la bête de la « bouverie », et on la conduit à l'échaudoir, où pendent des quartiers de viande encore fumants. Tremblant, enivré par l'odeur fade du sang, le cheval tire à reculons sur la longe que tient le premier garçon boucher, tandis qu'un autre lui laboure l'échine à coups de trique pour le faire avancer jusque dans la cour où a lieu l'exécution.

On « campe » l'animal pour la mort. Un garçon lui met sur les yeux un masque de cuir ; un autre, l'assommeur, brandit une petite masse d'acier et, le frappant au milieu du front, lui défonce le crâne. Un écroulement : c'est tout. A peine une ruade.

D'un mouvement alerte obtenu par une grande habitude, le premier garçon tombe assis sur le cou de la bête, et d'un rapide coup de couteau fait une trouée dans le poitrail. Il en sort des flots de sang mousseux, qu'un aide recueille dans des bassins de zinc. Une saignée à la lèvre, une autre sous le panache, activent l'égouttement. Puis les lèvres de la plaie s'obstruent d'un caillot.

Alors l'assommeur attache un câble aux sabots de la bête et tourne un treuil qui soulève l'arrière-train, pendant que le premier garçon fouille du poing le poitrail. Puis, armé d'un couteau à lame courte, le même enlève ensuite le cuir du cheval avec un soin minutieux, car il touche une prime de vingt-cinq sous par « paletot » livré sans accroc.

La dépouille de la rosse se disperse alors dans diverses directions.

A la boucherie vont les morceaux de choix, ceux dont le vétérinaire-inspecteur autorise le débit. Mais trop souvent il doit intervenir pour faire mettre dans les chaudières ou arroser de pétrole des viandes manifestement malsaines. Et, s'il faut s'étonner d'une chose, c'est de ne pas voir plus souvent d'accidents et de maladies se manifester après l'ingestion de tant de viande douteuse.

Les parties les moins recherchées sont livrées aux confectionneurs de saucisses et de saucissons de « Lyon » et de « Lorraine ».

Tel est le secret de toute cette charcuterie d'aspect louche, débitée à si bas prix dans les quartiers populeux des grandes agglomérations. Il a été reconnu qu'une grande partie de ces basses viandes sont admises pour l'alimentation, alors qu'elles sont d'un usage positivement dangereux. Mais les moyens pra-

L'Épilogue.

tiques de surveillance font défaut, et les commerçants déloyaux ne se gênent nullement pour réaliser des bénéfices illicites au détriment de la santé publique.

Il n'est pas un débris de la vieille rosse qui ne soit utilisé. La maigre chair, si elle ne s'étale pas sur le marbre des boucheries, va nourrir les pensionnaires du Jardin des Plantes et les animaux des ménageries foraines. Ce qui ne peut figurer comme comestible est mis à bouillir dans d'énormes autoclaves et se convertit successivement en huile à graisser les machines, vendue sous l'étiquette fallacieuse « d'huile de pieds de mouton »; en gélatine qui, selon la finesse, sert à coller les planches ou à lier les délicates gelées des tables somptueuses; enfin en noir animal.

Les os, classés selon leur qualité, sont employés par la tabletterie ou convertis en noir animal.

Les sabots ont leur destination.

Les crins, soigneusement rasés, sont recueillis pour des usages recherchés.

Il n'est pas jusqu'aux vieux fers chaussant la pauvre bête dont on ne tire parti dans la maréchalerie.

Inutile de mentionner la peau, qui forme la partie essentielle de ces dépouilles opimes, et qui prend volontiers, dans les cordonneries où elle aboutit, le nom trop prétentieux de « cuir de poulain ».

Enfin, quand l'animal n'est pas digne de tous ces soins ou que, blessé à mort, il ne peut attendre le coup de maillet réglementaire qui permet de livrer sa chair à la consommation, il est conduit directement à l'échaudoir, où il est dépecé pour l'autoclave.

C'est la fin ignominieuse, la fin sans gloire, au fond des gémonies.

LE

BOUTON DE PORCELAINE

« Six douzaines de boutons pour un sou ! Allons, mesdames, six douzaines de boutons pour un sou ! Demandez six douzaines de boutons ! »

Qui donc, dans Paris, n'a pas eu l'oreille frappée par ce cri poussé, — hurlé, pourrait-on dire, — par des bandes de gamins déguenillés ou de fillettes, le matin dans le bousculement des Halles, l'après-midi aux abords des grands magasins et des stations d'omnibus ?

Six douzaines ! c'est-à-dire soixante-douze exemplaires de ces petites rondelles si indispensables à la solidité de nos vêtements, d'un blanc superbe, brillantes, alignées mathématiquement sur un joli carton bleu de ciel ; et tout cela pour cinq centimes !

L'acharnement avec lequel ces négociants de trottoir se disputent la clientèle, ainsi que leur nombre, prouvent que ce prix de vente laisse encore un beau bénéfice.

Cinq centimes ! Quelle peut donc être cette industrie dont les produits, si infimes, sont tant recherchés et si abondamment offerts, qui, sur une somme aussi minime, assure au détaillant un bénéfice marquant, sans compter celui des intermédiaires plus ou moins nombreux et du fabricant auquel on ne peut pourtant pas demander de fournir, sans profit pour lui-même, la marchandise qui fait vivre tant de gens?

Si vous voulez le savoir, il faut vous transporter avec nous au fond du département du Loiret, sur les confins de la région où commencent à la fois le Nivernais et le Berry, sur les bords de la Loire, dans la jolie petite ville de Briare.

Dans laquelle? pourriez-vous dire en arrivant, car vous apercevez deux villes, une vieille et une jeune, toutes deux animées d'un mouvement réel d'affaires, mais ayant deux origines bien distinctes.

La vieille, noire et maussade, semblable à quelque faubourg de Saint-Étienne, est vivifiée par un mouvement considérable de batellerie dû au croisement des canaux de Briare, du Berry et d'Orléans. C'est le point le plus important de la navigation intérieure au-dessous de Paris.

La nouvelle ville, gaie, propre, s'étendant le long de boulevards ou en cités ouvrières sur la pente des coteaux, est l'œuvre de ces petites rondelles à six douzaines pour un sou.

L'usine d'où cela sort est une des plus étonnantes créations de l'industrie moderne; elle inonde de ses produits le monde entier.

Pour ce petit bouton de porcelaine ont été construits ces immenses halls, ces fours, ces cheminées alignées près de la gare et qui donnent l'idée d'une usine à fer. Pour lui quinze cents ouvriers travaillent dans l'immense ruche; par lui les campagnes riveraines du fleuve ont une prospérité sans cesse croissante. C'est lui encore qui, chaque jour, épuise le lait des cent vaches qu'on voit errer dans les prairies voisines.

Le bouton de porcelaine n'est point ce qu'on pense. Tout d'abord il n'est pas en porcelaine, puisqu'il ne contient pas un atome de kaolin. Le bouton de porcelaine, — ne le croyez point si vous ne voulez pas, — c'est du lait vitrifié !

Il est fait en pure *couverte*, c'est-à-dire en émail de porcelaine, qui s'obtient par une vitrification du feldspath, roche que l'on trouve dans les pays granitiques : elle abonde en Limousin.

Si vous connaissez le gypse en fer de lance qu'on rencontre dans les plâtrières de Paris, vous pouvez vous représenter, moins la teinte, la contexture lamellaire du feldspath, dont la dureté est beaucoup plus considérable que celle du gypse. Malheureusement la roche feldspathique de France n'est pas assez pure; on en demande beaucoup à la Norvège.

Le feldspath est trituré et réduit en poudre impalpable, de façon à donner un corps semblable aux argiles les plus pures; mais comme il n'a ni la nature onctueuse ni la plasticité des argiles, la grande difficulté est de maintenir l'adhérence de ses molécules. Malgré la pression des machines, la pâte, maniée à l'eau, se fendille et se réduit en poussière au moindre toucher.

Pendant longtemps, ce fut un obstacle insurmontable. L'inventeur de cette industrie, M. Bapterosses, réussit, après de longs tâtonnements, à en triompher. Ce fut l'emploi du lait qui permit de donner à la pâte la ténacité nécessaire; la combinaison du caséum avec les atomes de feldspath permit de donner à cette curieuse industrie un essor inespéré. C'est pourquoi l'on peut voir, à proximité de l'usine, une vaste exploitation agricole où la culture a surtout pour objectif l'entretien d'une étable en constante production, de laquelle sortent quotidiennement huit cents litres de lait entièrement consacrés à la fabrication des boutons.

Ce n'est pas la moindre surprise que Briare réserve à ses visiteurs. Tout, dans l'établissement, indique une pensée créatrice dédaigneuse des sentiers frayés. Rien de scientifique, au sens propre du mot; machines et procédés sont sortis d'un cerveau sans cesse en travail, qu'on pourrait comparer à celui d'Edison. Comme celui-ci, Bapterosses avait eu une jeunesse difficile et, comme lui, était parvenu par son génie à sa haute situation.

Chaque détail de fabrication est d'une simplicité extrême; pourtant, quand on se rend compte des résultats, on reconnaît une admirable continuité d'efforts et de recherches incessantes.

Ainsi, les boutons sont reçus sur des plaques de métal et portés au four, où ils se vitrifient; mais d'autres sont reçus sur une feuille de papier mince placée dans un cadre métallique, comme un menu de restaurant. Comment déplacer ces fragiles objets pour les enfourner? M. Bapterosses a eu l'idée de faire rougir d'avance une plaque de métal; on y pose le *menu*, le papier s'enflamme, et les boutons restent sur la plaque; il n'y a plus qu'à les mettre au four.

Tout a dû être créé ainsi : la forme des produits, l'émail, les couleurs, les machines à frapper le bouton, les fours. Mécanicien et céramiste, M. Bapterosses, un ancien potier, est hors de pair. Il n'a pas été moins administrateur. Toute l'organisation de l'usine est un sujet d'admiration.

Afin d'obtenir la régularité et la rapidité du travail, le *frappeur,* c'est-à-dire celui qui obtient le bouton au moyen d'une presse hydraulique, est associé au *cuiseur* et aux porteurs, qui vont de la frappe au four. Les salaires varient suivant les difficultés du métier. Le *cuiseur,* sans cesse devant un feu ardent, devant avoir une grande rapidité de coup d'œil pour reconnaître le moment où la cuisson du bouton est convenable, est plus payé. Il gagne à peu près cinq francs, alors que son « compagnon de chaîne », — dans le langage des ouvriers, — ne reçoit que trois francs.

Si la fabrication du bouton est ingénieuse et élégante, celle des perles ne l'est pas moins. Mais ce n'est point d'elles qu'il s'agit aujourd'hui.

Il sort chaque jour des ateliers entre quinze cents à deux mille kilogrammes de ces boutons, dont la valeur est moins grande que la feuille de carton sur laquelle ils sont fixés et que la main-d'œuvre nécessaire pour les y attacher.

Ce travail d'encartage a une portée sociale considérable. A plusieurs lieues au loin, sur les deux rives de la Loire, tout le monde, femmes, enfants, vieillards, encarte des boutons. En gardant leur bétail, les bergères cousent des boutons; les infirmes dans le village, les femmes après le ménage fait, se livrent à ce travail.

Ce n'est pas une occupation fort lucrative, car on n'y gagne guère plus de cinq sous par jour, mais ces cinq sous sont obtenus à moments perdus; ils ont répandu le bien-être dans tout le pays. On cite des fermières payant les gages de leurs servantes avec les boutons cousus à la veillée. Or il faut remplir cent cartes de douze douzaines pour gagner un franc cinquante centimes !

Non seulement l'organisation de l'usine de Briare est une merveille industrielle, mais son fondateur s'est encore montré admirablement intelligent des problèmes sociaux touchant la classe ouvrière. Une longue série d'institutions de prévoyance et de protection permet à l'ouvrier de vivre à l'aise, d'envisager l'avenir sans angoisse et même de devenir propriétaire en construisant à sa guise.

Afin de faciliter le goût de la propriété, on a eu l'idée heureuse et féconde de diviser le travail de façon que chacun puisse cultiver son jardin.

Au lieu de régler la présence aux ateliers par jour entier et par nuit complète, comme dans les autres industries à feu continu, on a fixé le travail de midi à minuit. Chaque quinzaine, l'équipe de midi à minuit change et devient l'équipe de minuit à midi; de la sorte, les ouvriers ont plusieurs heures de jour à consacrer à leur intérieur et à leur culture.

L'œuvre de M. Bapterosses se continue fidèlement par les soins de son gendre et successeur, M. Loreau, qui a pris à tâche de soutenir et de développer la création de son beau-père. Ingénieur des plus distingués, il n'a pas cru faire déroger sa science en l'appliquant à cette industrie d'un objet si modeste. Homme de bien, il a conscience du rôle social que lui impose sa situation d'industriel riche et influent. Ses compatriotes, reconnaissants de ce qu'il avait fait pour eux, lui ont même confié le mandat législatif, persuadés que les intérêts généraux du pays ne seraient pas moins bien défendus par lui au parlement que ceux de la région. M. Loreau n'a pas cru devoir conserver ce mandat; il a estimé préférable pour le bien de son œuvre, pour la prospérité de la contrée, pour ses goûts personnels, de se consacrer exclusivement à son cher bouton de porcelaine. Pour le bien marquer, il a entraîné dans le même mouvement tous les membres de la famille. Ce concours de sentiments s'est affirmé récemment de la façon la plus touchante par l'inauguration d'un établissement pour les vieillards et les malades de l'usine. C'est un superbe édifice qui est une démonstration de plus de la possibilité de résoudre le problème de l'association raisonnable et raisonnée du capital et du travail.

LE CUIR

ET LA VIANDE DE CAÏMAN

Avant l'arrivée des Européens, les alligators étaient les véritables maîtres du pays. Ils pullulaient à l'aise dans les lacs, les canaux d'eau stagnante, les marais, les lagunes, qui rendent si difficile l'accès des côtes de la Louisiane et semblent avoir été créés par la nature pour favoriser l'industrie des contrebandiers.

Les premiers colons ne songèrent pas à faire la guerre aux reptiles. Il leur eût d'abord été impossible de compter sur leurs esclaves pour détruire un animal qui inspire aux noirs un respect superstitieux.

Une légende, dont l'origine n'est pas encore élucidée, s'était formée parmi les nègres. On sait que les alligators, imitant l'exemple de leurs cousins les crocodiles, ne se distinguent pas par l'intensité de leurs sentiments de famille et se préoccupent fort peu de leur progéniture.

La femelle va pondre ses œufs sur le rivage, les enveloppe d'une sorte de mortier fait de boue et d'herbes sèches, puis laisse au soleil le soin de les faire éclore. Le noir le plus audacieux, le plus intrépide, ne se décidera jamais à mettre la main sur un œuf d'alligator. Il est convaincu que cet œuf contient une sonnette qui appellera la mère.

On suppose que cette fable a été inventée à l'origine pour inspirer de la prudence aux négrillons, et que, de proche en proche, elle est devenue dans la suite, grâce aux effets dénaturants du temps, un article de foi à l'usage de toute la race noire.

Il est certain, d'ailleurs, que les alligators manifestent pour les gens de couleur une prédilection redoutable. Entre un enfant blanc et un négrillon, le reptile n'hésitera pas, il dévorera le petit noir, à moins qu'un chien ne se rencontre sur son passage.

Un tigre qui a goûté de la chair humaine devient un incorrigible mangeur d'hommes ; de même un alligator qui a dévoré un chien ne peut plus souffrir d'autre nourriture.

Les vieux chiens qui connaissent le pays ne s'aventurent pas au bord des eaux suspectes ; mais combien de chiens de haute race, achetés à grand prix en Angleterre, suivant la mode très en cours parmi les riches planteurs, ont succombé sous la dent d'un ennemi qu'ils ne connaissaient pas !

La chasse à l'alligator n'était qu'une distraction ; un caprice de la mode en a fait une industrie. Il y a une quarantaine d'années, un fabricant de chaussures de Paris eut l'idée de faire des souliers en peau de crocodile ; comme les reptiles égyptiens se sont retirés au sud des cataractes depuis que les vapeurs qui transportent les excursionnistes de Cook sillonnent les eaux du Nil, ce furent leurs cousins d'Amérique qui firent les frais de la nouvelle invention.

Ce gibier, très peu recherché auparavant, acquit tout à coup une grande valeur. La fantaisie d'un cordonnier français en est arrivée au point de dépeupler les marais de la Louisiane de leurs habitants amphibies.

Toutefois l'engouement ne fut pas de longue durée. Les arbitres des élégances ne tardèrent pas à s'apercevoir que des bottines à écailles octogonales n'étaient pas le dernier mot de la distinction, et le commerce français cessa tout à coup d'acheter des milliers de peaux de reptiles sur les marchés de la Nouvelle-Orléans.

Avant l'arrivée des Européens, les alligators étaient les véritables maîtres du pays.

Le massacre recommença pendant la guerre de Sécession. Le cuir manquait dans les États du Sud. Les héroïques soldats de Jackson et de Lee marchaient au combat

L'âme sans épouvante et les pieds sans souliers.

La détresse n'était guère moins cruelle parmi la population civile. A défaut des bœufs absents et des chevaux employés au service des armées, les alligators furent mis impitoyablement à réquisition pour fournir des chaussures aux blancs, qui allaient

4

pieds nus, et de la nourriture aux nègres, qui mouraient de faim.

Il n'est rien comme les grandes catastrophes publiques pour bouleverser la cuisine d'un peuple. De même que les épreuves du siège ont définitivement appris aux Parisiens le chemin des boucheries hippophagiques, jusque-là fort délaissées, de même les noirs du Sud ont été obligés par les horreurs de la guerre à manger des reptiles pour lesquels ils professaient auparavant une répulsion superstitieuse. Seulement ils ont conservé par goût un régime alimentaire qu'ils avaient subi par nécessité. Un cuisinier expérimenté sait découvrir dans la queue de l'alligator certains morceaux de choix qui occupent une place d'honneur dans la gastronomie noire.

La race de Cham prend sa revanche. Après avoir, pendant de longues années, fourni un trop abondant tribut de négrillons aux minotaures écaillés qui infestaient les marais de la Louisiane, elle se nourrit à son tour de la chair des monstres qui dévoraient autrefois ses enfants.

Depuis la guerre civile d'Amérique, les peaux d'alligator sont entrées définitivement dans le commerce. Elles sont cotées aux mercuriales de la Nouvelle-Orléans, et, comme les autres marchandises, elles subissent les oscillations de la hausse et de la baisse; mais elles ne sont plus à la merci d'un caprice de la mode.

Elles ont acquis pour toujours droit de cité dans l'industrie parisienne. Elles ne servent pas seulement à fabriquer des bottes à sensation ou des pantoufles d'un goût douteux, mais encore elles constituent le principal élément de ces petites merveilles où se révèlent les instincts artistiques des ouvriers français : coffrets, nécessaires de voyage, étuis à fusil, porte-monnaie ; on ne saurait imaginer tout le parti que des mains ingénieuses savent tirer de l'épiderme d'un crocodile. Ajoutons enfin que pour la fabrication des calepins, portefeuilles, etc., la peau de l'alligator ne connaît pas de rivale.

Un animal dont la dépouille sert de matière première à une industrie florissante est un précieux gibier fatalement appelé à disparaître sous les balles des chasseurs. Les reptiles de la Louisiane auront la destinée des castors du Canada, qui ont été anéantis jusqu'au dernier parce que leur fourrure excitait de trop ardentes convoitises.

Une armée organisée d'environ cinq cents chasseurs fait aux alligators de la Louisiane une guerre sans merci. Toutefois la profession de chasseur, très lucrative au début, devient chaque jour plus difficile. L'instinct du danger a complètement modifié les habitudes d'un animal qui, loin de redouter l'approche de l'homme,

Une armée organisée fait aux alligators
une guerre sans merci.

était plutôt disposé à prendre l'offensive, ou tout au moins à se défendre vaillamment. Il n'existe plus aujourd'hui dans toute la création un gibier aussi prompt à la retraite et qui sait flairer d'aussi loin un coup de fusil. Il a fallu de longs mois de persévérance à un propriétaire, tireur en renom, pour se débarrasser d'un alligator qui dévorait les chiens et les porcs de sa plantation.

Chaque jour, l'insaisissable reptile faisait de nouvelles victimes; mais quand le maître arrivait, armé de sa carabine, il disparaissait comme par enchantement, sans se laisser jamais approcher à bonne portée. Enfin une balle envoyée de très loin tua le monstre, qui ne mesurait pas moins de vingt-deux pieds de long. Il fallut atteler une paire de mules pour le retirer du marais où il se trouvait au moment où il avait été frappé.

Pour se mettre en campagne, les chasseurs de profession attendent la nuit. Deux hommes s'embarquent sur un de ces canots longs et étroits qu'un seul coup d'aviron donné à faux peut faire chavirer. Celui qui se tient à l'arrière manie une paire de rames, tandis que son compagnon, debout sur l'avant de l'embarcation, est armé d'une carabine et porte à son chapeau une lanterne allumée. Cette lanterne est munie d'une lentille convexe qui concentre les rayons lumineux, permet de fouiller au loin les ténèbres et exerce sur les reptiles qui l'aperçoivent une fascinante attraction.

Un grognement guttural, long, sourd, se fait entendre : c'est l'alligator qui approche. Bientôt deux points lumineux, pareils à une paire de vers luisants énormes, brillent à la surface de l'eau et s'avancent dans l'obscurité. Ce sont les yeux du monstre. Le cyclope chasseur tourne d'un autre côté les rayons de son phare portatif, et, dans un silence profond, le rameur exécute un mouvement tournant. En effet, il ne faut pas songer à viser le reptile entre les deux yeux; l'épaisseur de son crâne le rend invulnérable aux balles. Pour lui donner la mort, il faut l'attaquer de profil et l'atteindre un peu en arrière de l'œil. C'est le seul point faible de son impénétrable cuirasse.

Sans bruit, le rameur a mené à bonne fin sa délicate manœuvre ; il a conduit la barque sur le flanc du reptile, à dix mètres environ de distance. Pendant une seconde, un rayon de la lanterne fait scintiller le canon de la carabine, le coup part ; une masse noire disparaît au fond de l'eau, remonte ensuite à la surface, se débat dans une dernière convulsion et reste immobile. Le chasseur qui, malgré les envahissements de la race anglo-saxonne, a conservé l'ancien dialecte créole, s'écrie d'un ton satisfait :

« Moi toué li ! »

Les vainqueurs attendent jusqu'au lendemain pour ramasser les cadavres de leurs victimes. Quand ils ont transporté dans leur campement le cadavre des cinq ou six alligators qu'ils ont tués pendant la nuit, ils enlèvent la peau des reptiles et découpent la chair en lanières qu'ils recouvrent de sel et font ensuite sécher au soleil.

Ces salaisons sont destinées à servir d'appât pour la pêche aux crabes, mais elles deviennent à l'occasion une précieuse ressource pendant les périodes où les vivres se font rares.

En leur qualité de créoles de race à peu près blanche, les chasseurs d'alligator ne veulent pas avouer qu'ils partagent le goût des nègres pour la chair des reptiles. Leur sincérité ne saurait être mise en doute ; mais dans une profession où le lendemain n'est jamais assuré, il faut compter avec les impitoyables exigences de la nécessité.

Un certain nombre de descendants des anciens colons de la Louisiane sont revenus à l'état primitif. Ils vivent du poisson qu'ils prennent sur le littoral et du gibier qui pullule dans les plaines ; mais la chasse et la pêche n'en sont pas moins des métiers où les rigueurs de la morte saison se font parfois cruellement sentir.

Pour se soustraire aux chaleurs torrides des étés de la Louisiane, les poissons gagnent la haute mer, le poil et la plume s'enfuient vers des climats plus tempérés ; il ne reste plus, aux chasseurs et aux pêcheurs de profession, d'autre ressource que de faire aux alligators une chasse sans merci.

La peau de ce précieux reptile, vendue sur le marché de la Nouvelle-Orléans, apporte un indispensable appoint pécuniaire à de maigres budgets d'un équilibre toujours instable, et sa chair, salée avec soin, fournit aux estomacs en détresse une ressource dont on n'ose pas avouer l'origine tout haut, mais qu'on est bien aise de retrouver dans les jours de disette.

Une telle industrie, est, paraît-il, de nature à ouvrir de vastes horizons aux esprits larges et exempts de préjugés des Yankees ; car, en présence de la difficulté avec laquelle on se procure des aliments et de l'importance des bénéfices à réaliser sur cette marchandise, il s'est trouvé des gens avisés qui ont pris le contre-pied de ce qui se faisait à l'égard des alligators.

Ils ont pensé qu'il y aurait peut-être plus de profits à recueillir en se livrant à l'élevage de préférence à la chasse de ces amphibies, et de hardis pionniers se sont mis à installer des fermes d'alligators dans les arroyos qui avoisinent le Mississipi.

Ils font éclore tous les œufs qu'ils peuvent récolter, et, les petits venus, les élèvent en quelque sorte à la brochette, jusqu'au moment où ils sont capables de trouver seuls leur nourriture. Ils les tiennent, durant leur bas âge, dans des bassins soigneusement clos ; puis ils les transportent dans des étangs où ils les habituent à trouver toujours au même endroit leur pitance. A cet effet, on récolte toutes les charognes que peuvent fournir les cités d'alentour. Grâce à un régime abondant, le jeune alligator croît rapidement ; habitué à la vue de ses gardiens, il n'a pas la même crainte du fusil que ses congénères sauvages. Quand est venu le moment de le « récolter », la chose se fait sans la moindre cérémonie : on jette autour du cou de l'animal un nœud coulant de fil de fer, et on le tire à terre malgré sa résistance ; pendant que deux hommes maîtrisent ses mâchoires au moyen de solides liens, d'autres annihilent les effets de sa terrible queue en la lui brisant à grands coups de gourdin.

Il est des « fermiers » qui agissent plus simplement encore. Une fois l'animal à terre, on passe un lacet à une forte branche, on le hisse et on le laisse se débattre jusqu'à ce que mort s'ensuive.

Mais les uns comme les autres s'abstiennent de tirer un seul coup de fusil dans le voisinage de leurs parcs, afin de ne pas effaroucher leurs pensionnaires.

Tout le monde sait que chaque État de l'Union a sa législation propre et qu'elle diffère souvent notablement d'un État à l'autre. Nous en avons la preuve frappante à ce propos même.

Ainsi que nous le voyons, la Louisiane exploite largement l'alligator. Toutefois il fut longtemps question d'édicter des lois protectrices pour obvier à la disparition de l'espèce ; car, en dépit des apparences, l'alligator est un auxiliaire de l'homme. Voici comment :

Le Mississipi, qui possède un régime hydraulique des plus curieux, roule d'immenses quantités de limon qui exhaussent sans cesse le lit du fleuve et lui font prolonger fort loin dans la mer les digues que l'accumulation des terres lui a fait construire, par le seul effort de ses flots. Le même travail s'opère dans tout le bas fleuve durant sa traversée de la Louisiane et, les siècles aidant, a eu pour effet de placer peu à peu le fleuve au-dessus des campagnes environnantes. De là l'importance des dégâts quand une crue subite le déverse hors de ses rives, le nombre et l'étendue des lagunes et des *bayous* qui le bordent ; enfin s'explique aussi le climat de ces régions, si propice à la propagation de la fièvre jaune.

Il y a donc un intérêt considérable à maintenir intactes et sans fissures les digues naturelles entre lesquelles coulent les eaux du Mississipi. Or il paraît que les alligators sont des cantonniers de premier ordre, en ce sens qu'ils protègent admirablement ces digues contre leurs plus terribles ennemis : les rats musqués, qui pullulent, fouillent sans cesse les talus du rivage et provoquent par leurs dégâts multiples les infiltrations menaçantes du fleuve.

Cependant l'intérêt public n'a pas tenu devant le lucre, et les législateurs de la Louisiane ont laissé carte blanche aux chasseurs du pays.

Et, tandis que la licence la plus complète existe à leur égard dans l'État de la Louisiane, à quelque distance, dans l'État de la Floride, le régime est absolument différent. Sous prétexte que l'alligator est un grand destructeur des rats qui ravagent les plantations de cannes à sucre, on a considéré comme chose tout à fait négligeable les hécatombes de négrillons auxquelles se livrent ces animaux, et l'on a interdit leur destruction. On l'a interdite avec une telle sévérité, que le meurtre d'un alligator est puni d'une amende de vingt dollars (cent francs), et que l'amende est quintuplée quand le délit est commis au retour du printemps. Heureusement pour les habitants, la police a mieux à faire que de veiller au scupuleux respect de ces dispositions légales, et les chasseurs sont fort peu entravés dans leurs exploits ; mais aux États-Unis, où l'on ne connaît que la lettre et non l'esprit de la loi, les délinquants sont toujours exposés à se trouver inopinément en face d'un juge fantaisiste qui se plaît à interpréter les textes dans toute leur rigueur.

Il en est tout différemment dans l'Amérique du Sud, où certains cours d'eau sont le domaine incontesté des grands sauriens.

C'est toujours au moyen d'un nœud coulant qu'on s'empare de la bête.

Les Indiens et les métis ont, tout comme les nègres de la Louisiane, un goût accentué pour la chair des caïmans ; mais, loin de paraître honteux de cette inclination, ils s'en font gloire.

C'est à ce point que les voyageurs, contraints de recourir aux services des indigènes pour leur transport sur les cours d'eau, n'ont point de meilleur encouragement à donner à leur équipage que de tirer quelque caïman et, de lui en abandonner la dépouille. Si le voyageur se résigne à perdre une journée entière, il n'a qu'à donner la permission de *lacer* un caïman.

Alors la joie de ses gens n'a plus de bornes. Les embarcations sont tirées à terre ; pour n'être pas entravés dans leurs mouvements, les hommes quittent tous leurs vêtements. Munis d'une perche longue et solide terminée par un nœud coulant fourni par une liane mince et flexible, ils battent les *bayous* du fleuve et ne tardent pas à découvrir quelque caïman endormi au soleil. En un instant le nœud coulant est passé au cou de l'animal, qu'une brusque secousse réveille. Tandis qu'il se débat contre ceux qui l'entraînent et cherche à retourner à l'eau, un homme armé d'une hache se glisse sournoisement derrière lui et, d'un ou deux coups au plus, tranche cette arme redoutable. L'animal est dépecé tout vivant. Il se trouve toujours dans la troupe quelque cuisinier émérite qui sait trouver des plats exquis dans la partie charnue de la queue.

Quoi qu'il en soit, tant qu'il reste un lambeau de cette viande puant le musc, le voyageur doit se résigner à attendre, quelquefois plusieurs jours, que ses hommes, gorgés outre mesure, aient achevé la digestion de cette nourriture peu régalante.

Nous disons peu régalante, à notre point de vue, car d'autres peuples ne pensent pas ainsi, et la chair de caïman est prisée hautement dans certaines parties de l'Extrême-Orient. Dans l'Annam particulièrement, la population pauvre recherche cette nourriture, et dans les centres populeux on rencontre des boucheries de viande de caïman. Toute une classe de travailleurs s'emploie à assurer leur approvisionnement.

Les uns vont à la recherche du gibier. Il n'est point rare, hélas ! dans toutes les eaux perfides de l'Annam. L'opération délicate consiste à le prendre et à le transporter dans des parcs aménagés à cet effet au bord de la rivière et clôturés par de solides madriers enfoncés dans l'eau. C'est toujours au moyen d'un nœud coulant qu'on s'empare de la bête ; dès qu'elle est capturée, des hommes lancent d'autres liens autour de la queue et, se mettant en nombre suffisant, paralysent fort adroitement ses mouvements ; on apporte alors une grosse et robuste perche de bambou sur laquelle, malgré une résistance désespérée, l'animal est ficelé comme un saucisson au moyen de lianes fines et résistantes. En cet état, deux hommes prennent un bout de la perche sur leurs épaules, et le caïman est porté comme un vulgaire ballot jusqu'au parc de réserve, où il est délivré de ses liens et jeté au milieu de ses congénères qui grouillent formidablement dans un étroit espace.

Quand le moment est venu de débiter la marchandise, on apporte devant le parc une sorte d'étal. Des hommes armés de lianes terminées en nœud coulant se portent sur les bords du bassin, et, avec une adresse merveilleuse, jettent leur engin sur la bête désignée. Bientôt les liens se multiplient ; elle est tirée hors de l'eau, comme au moment de sa capture, puis ficelée le long d'une perche. On la porte aussitôt sur l'étal ; là, les ménagères désignent au marchand le morceau de leur choix, et l'on peut alors voir ce spectacle cruel du boucher dépeçant l'animal tout vivant, morceau par morceau, sans que personne daigne seulement ment faire attention à son atroce agonie.

Pour les gourmets annamites, le caïman doit être dépecé vivant, tout comme pour nos cuisinières l'anguille destinée à la matelote « demande » à être découpée en tronçons tout palpitants.

Avons-nous bien le droit de reprocher aux Asiatiques leur cruauté pour leurs singulières bêtes de boucherie ? La seule différence se rencontre dans la taille de la victime.

LE CANARI

Avec les livres écrits sur les canaris, on pourrait remplir une bibliothèque. Il n'est peut-être pas d'oiseau qui excite à un si haut degré la curiosité humaine.

Au fond du cœur de tout homme on découvre un geôlier qui fait bon marché de la liberté des autres créatures, mais éprouve le besoin de connaître leur histoire et de s'apitoyer sur leur sort.

Le canari a eu la fatale fortune d'être inscrit sur la liste des animaux domestiques en qualité de prisonnier à perpétuité. Depuis qu'il est tombé entre les mains des Européens, son unique rôle en ce monde est de naître, de vivre et de mourir en cage. Il compte déjà trois siècles de captivité, et il est à présumer que ses malheurs dureront aussi longtemps que la civilisation elle-même.

A force de vivre en dehors des lois normales de la nature, le canari est devenu un oiseau artificiel. Nous ajouterons que depuis un petit nombre d'années la fabrication de ce singulier produit de la civilisation contemporaine a fait de sensibles progrès. Chaque jour voit surgir des observations nouvelles et des règles plus précises dans l'exploitation des prisonniers ailés.

C'est sous de lugubres auspices que les canaris ont abordé pour la première fois la terre d'Europe.

Vers la fin du XVIᵉ siècle, un navire revenant des îles Fortunées fit naufrage sur les côtes de Toscane, à peu de distance de Livourne. Une cage qui contenait des oiseaux rapportés des pays lointains fut brisée dans la tourmente, et les captifs reprirent leur liberté. Ils ne songèrent pas à se fixer sur la terre

Serins blancs.

ferme, qui était proche ; en leur qualité d'insulaires, ils aimerent mieux se diriger à tire-d'ailes vers l'île d'Elbe, dont les cimes escarpées se dessinaient à l'horizon.

Les exilés ne se sentirent pas dépaysés dans leur nouvelle patrie. Ils ne tardèrent pas à y trouver des vivres, et, au retour de la belle saison, ils se mirent à faire des nids. Déjà ils pullulaient à vue d'œil, et ils semblaient acclimatés pour toujours dans l'île où ils avaient trouvé asile, quand un hasard de la mode les adopta.

A partir du moment où ils eurent le malheur de devenir des

oiseaux de luxe, ils furent poursuivis avec un implacable acharnement. Tous les habitants de l'île d'Elbe se firent chasseurs de canaris : les uns tendirent des filets, les autres s'emparèrent des petits oiseaux qui n'avaient pas encore la force de sortir du nid. Les oiseleurs s'acquittèrent si bien de leur besogne, qu'au bout d'un très petit nombre d'années il ne restait plus, sur tout le territoire de l'île, un seul canari en liberté. La colonie de naufragés, qui semblait appelée à une prospérité sans limites, se trouvait au contraire, par suite de la féroce exploitation de l'homme, complètement anéantie.

Presque tous les canaris qui existent actuellement en Europe descendent en ligne directe des naufragés de l'île d'Elbe. De loin en loin, sur le marché de Londres, apparaissent des oiseaux qui arrivent des îles Canaries ou des îles du Cap-Vert ; quelquefois même ils viennent de Sainte-Hélène. Alors, si aucun doute ne pèse sur leur origine, ils atteignent des prix fort élevés.

Le canari, tel que l'avait créé la nature, était gris ou vert foncé ; ses malheurs l'ont rendu jaune. La captivité, qui blanchit prématurément les hommes, jaunit à perpétuité les oiseaux, lorsqu'elle se prolonge pendant une longue suite de générations.

Bien que la nuance jonquille domine surtout parmi les canaris de France, ce serait une erreur de croire que ces oiseaux, réduits à l'état domestique, ne sauraient avoir une autre couleur. La colonie qui, pendant un séjour de plusieurs années à l'île d'Elbe, avait eu le temps de s'habituer au climat de l'Europe, a laissé une postérité très bariolée.

Il existe des canaris vert clair, des canaris orangé, des canaris blancs, des canaris rayés comme des lézards, des canaris huppés, tachetés et bigarrés de toutes les façons. Buffon, dans ses ouvrages, ne compte pas moins de vingt-trois variétés de ces oiseaux; mais, depuis la mort de l'illustre naturaliste, il s'est produit un si grand nombre de combinaisons nouvelles, que, s'il reparaissait à la lumière, Buffon serait obligé de refondre complètement toutes ses classifications.

On considère les prodigieux changements de couleur qu'a éprouvés le canari comme un de ces mystères de la nature que l'homme est impuissant à pénétrer. Cependant les modifications dans la couleur d'un animal peuvent s'expliquer, jusqu'à un certain point, par l'influence résultant de l'alimentation, de la température et du milieu où il passe sa vie. Les lièvres et les renards deviennent blancs dans les régions polaires; les fauves du Sâh'ra prennent la couleur jaunâtre du sable; les oiseaux qui vivent dans les forêts intertropicales sont en général verts ou de plumages dans lesquels le vert domine.

A l'état de nature, le canari suit la loi commune; il a une couleur qui lui permet de se cacher dans le feuillage des arbres et de se soustraire aux poursuites de ses ennemis. Quand il est captif, au contraire, il subit les influences les plus diverses. Depuis la fin du XVIe siècle, chaque oiseau mis en cage a été soumis à un régime différent; l'alimentation, la température, la lumière, le milieu ambiant, ont produit des effets qui ont varié dans chaque pays et presque dans chaque maison. Sous l'action de ces agents multiples, la couleur primitive de l'oiseau n'a plus été qu'un souvenir, et son plumage, à peu près uniforme à l'origine, est bientôt tombé dans un état de complète anarchie.

L'homme a fait le reste. Chaque peuple d'Europe a voulu avoir son canari national. Fidèles aux vieilles traditions artistiques de l'école flamande, les Belges ont créé de toutes pièces une admirable race d'oiseaux qui se distinguent par leurs formes à la fois élégantes et robustes et par l'éclat de leur couleur orangée.

La France a recherché les nuances claires et a produit des canaris blancs qui sont assez appréciés à l'étranger.

Les éleveurs du Tyrol et du Harz n'ont cherché qu'à former des chanteurs émérites. Ils envoient chaque année sur le marché de Londres, qui les recherche particulièrement, des oiseaux dont l'éducation musicale ne laisse rien à désirer.

A première vue, un connaisseur n'offrirait pas quarante sous d'un de ces canaris allemands, dont les formes sont vulgaires et le plumage peu distingué; mais l'oiseau chante, et cela suffit pour qu'il soit vendu, haut la main, vingt-cinq francs à un marchand de *gin*.

A Londres, en Angleterre en général, un canari musicien peut faire la fortune d'un débitant de liqueurs fortes. Les chants prolongés de l'oiseau retiennent les consommateurs autour du comptoir et les invitent à se désaltérer. Ces ténors emplumés arrivent en grand nombre, sur les rives de la Tamise, emprisonnés dans des cages minuscules. Certains éleveurs du Tyrol en ont ainsi vendu, en très peu de temps, plus de quinze cents.

Les Allemands ne se préoccupent que du talent musical d'un chanteur et ne tiennent aucun compte de son plumage. Les pinsons particulièrement, assez dédaignés en France et en Angleterre, atteignent des prix très élevés dans certaines provinces de l'Allemagne du Sud, quand ils sont doués d'un mérite exceptionnel.

On raconte qu'un oiseleur fanatique avait fait un voyage de cent cinquante kilomètres pour prendre à la glu un pinson dont la réputation s'étendait au loin, et qu'un paysan avait échangé contre une vache un pinson qui lançait des trilles merveilleux avec une sûreté magistrale.

A part les marchands de *gin,* qui considèrent leurs ténors en cage comme un appeau puissant pour la clientèle, les Anglais n'attachent aucune importance aux talents musicaux des canaris. Leur unique préoccupation est d'obtenir, au moyen de croisements savamment combinés, certaines juxtapositions de couleurs dont l'unique mérite est de ne se réaliser qu'au prix de difficultés presque insurmontables.

Un canari de Londres doit avoir la tête et le corps d'un jaune orangé très vif, les ailes et la queue entièrement noires. Une seule plume grise ou blanche ferait perdre à l'oiseau la plus grande partie de sa valeur et ne lui laisserait aucune chance de recevoir une médaille au grand concours annuel de Sydenham.

Ce prodige s'obtient, dit-on, par le croisement d'un mâle vert

Certains éleveurs en ont ainsi vendu plus de quinze cents.

de la variété des lézards avec une femelle française, jaune, tachetée de noir. Mais le secret de fabrication est bien gardé, et le seul point qui soit hors de doute, c'est l'extrême rareté des produits à l'abri de tout reproche.

L'éleveur a beau prendre les précautions les plus minutieuses pour éviter les variations de température et aller jusqu'à entourer la cage de parois de verre afin d'éviter les courants d'air qui ont une influence sur le plumage de l'oiseau; presque toujours apparaît une tache indiscrète, et l'expérience est à recommencer.

Les moins scrupuleux n'hésitent pas à redresser les menues erreurs de la nature: ils arrachent sans pitié la plume mal placée. Malgré le soin qu'ils apportent à dissimuler cette calvitie restreinte, les amateurs véritables, ceux qui savent que le maquillonnage ne s'exerce pas seulement sur les chevaux, fouillent d'un œil connaisseur le plumage de l'oiseau; ils prennent le canari dans la main, soulèvent son plumage en soufflant à rebours des pennes, et leur œil exercé a vite fait de reconnaître s'il manque une ou plusieurs plumes. Après cet examen, tel sujet dont on demandait fort bien trente ou quarante francs se voit estimé à peine cinq francs.

D'autres cherchent à donner artificiellement au plumage la teinte qu'il aurait dû avoir; mais ces oiseaux-là ne sont pas « bon teint ».

D'autres enfin administrent à leurs malheureux pensionnaires de fortes doses de poivre de Cayenne délayé dans l'huile, afin de leur donner une couleur plus chaude, plus vive, plus éclatante.

Nos voisins d'outre-Manche ne se contentent pas d'obtenir les juxtapositions de couleurs dont les éleveurs du continent ignorent le secret; ils parviennent parfois à réaliser de véritables miracles, tel que celui de produire des canaris sachant parler. Le fait est rare; mais il a été constaté plusieurs fois que des éleveurs, sevrant de jeunes sujets dès leur éclosion, ne leur laissant jamais entendre le langage de leur race, étaient parvenus à leur faire prononcer de courtes phrases, composées, il est vrai, de mots soigneusement sélectionnés se rapprochant extrêmement des consonnances habituelles de leurs congénères.

Le serin hollandais est, comme la tulipe, un produit spécial du génie hollandais.

Par de savants croisements avec des chardonnerets, des

Serin vert.

linottes, des tarins et quelquefois des bouvreuils, on arrive à produire de jeunes sujets dont la voix a plus d'étendue, plus de durée, et possède un timbre plus clair que chez les individus normaux des espèces dont ils descendent.

Il paraît que le produit le plus merveilleux est celui d'une serine avec un chardonneret. Les enfants de ces unions ont l'oreille très musicale et le gosier bien doué. Ils imitent avec un art ravissant les oiseaux voisins. Excellents musiciens, ils font à leur gré les rossignols. Ils retiennent les roulades du sifflet, et, à l'occasion, traduisent de petits airs de flageolet.

Le chant est leur passion. Ils s'y adonnent avec tant d'ardeur qu'on en a vu, au printemps, monter la gamme si haut, qu'ils s'en rompaient les vaisseaux délicats des poumons. Des serins sont morts victimes d'une vocalise. A la vérité, cet accident est rare.

C'est en vue des chanteurs que les concours sont organisés en Hollande. Les sociétés d'amateurs se réunissent, et, le jour venu, on aligne tous les chanteurs. Il en va de même dans le Tyrol, où chaque paysan a sa cage. En Thuringe, on apprend au serin à s'arrêter soudain pour lancer un appel retentissant qui imite en réduction le son de la trompette.

Bien qu'on reconnaisse quatre sortes de serins hollandais, celui-là seul qui porte une raie allant du bec aux ailes a l'honneur de pouvoir se dire hollandais. Mais cette race offre une particularité : les femelles ne couvent pas; il faut confier leurs œufs à des serins ordinaires.

Il n'y a pas à répéter combien sont jolis ces oiseaux aux plumes frisées, dont les mèches, très longues, se contrarient et qui, hauts sur pattes, parés d'une fourrure unicolore ou variée, en arrivent rien que par leur plumage à paraître presque aussi gros que des merles. Quant à leur voix, on en connaît les modulations infinies et flûtées.

A l'étranger, le ramage plus que le plumage l'emporte dans l'attribution des prix. En France, où les serinophiles tiennent aussi des concours, c'est le contraire; on prise surtout la beauté, la force, la couleur. L'idéal est de produire des serins qui ne ressemblent pas à des serins; ce qui est un non-sens abominable. Ah! un serin bleu! ce serait presque un merle blanc!

Aussi que de soucis pour un serinophile convaincu! Que de dépenses aussi!

Le serin hollandais ne peut vivre que dans une propreté

absolue. Chaque éleveur doit consacrer au moins deux heures par jour à l'entretien de ses cages. Il prépare lui-même la nourriture, qu'il faut toujours servir fraîche. L'aliment préféré est un mélange de mie de pain, de chènevis écrasé et de jaune d'œuf. Le millet et les autres petites graines ne sont pour lui que des hors-d'œuvre.

Comme tous les collectionneurs, le serinophile a auprès de lui, en sa femme, une ennemie née qui ne lui pardonne généralement ni le temps, ni les soucis, ni l'argent que lui coûte cet élevage, qu'accapare dans l'appartement, souvent modeste, une pièce spéciale.

Mais, comme certains hollandais atteignent des prix parfois fantastiques, quatre, cinq, six cents francs la paire! le serinophile est fortement soutenu par l'espoir bien rarement réalisé, — on le conçoit, — d'obtenir des élèves qui lui rapportent gloire et profit.

LES

FAUX CHEVEUX ET LES FAUX CILS

———

Une des conséquences les plus directes et aussi les plus généralement ignorées de la guerre qui a sévi dernièrement entre le Japon et la Chine a été de porter le plus grave préjudice à... l'industrie des faux cheveux.

Si étonnant que soit un pareil résultat, il se reproduit cependant chaque fois que des troubles éclatent en Chine.

C'est que les marchands de cheveux s'approvisionnent en grande partie là-bas, et qu'on tire chaque année du Céleste Empire pour plusieurs millions de francs de matière première.

Le cheveu chinois arrive en Europe par ballots énormes, bien empaqueté ; mais il est gros, épais, et demande à être travaillé.

On le lave au soufre, on l'amincit, on le décolore et on le teint, car il est uniformément noir.

Si ce n'est pas lui qui frise aux tempes des patriciennes, s'il n'est employé que par les petites bourses, en revanche c'est lui qui constitue la superbe crinière ornant le casque de nos fringants officiers. Son prix, dans le commerce de gros, n'est guère que de dix à douze francs le kilogramme.

Néanmoins il fournit aux trois quarts de la consommation générale.

Le beau cheveu, le cheveu *vivant,* comme disent les coiffeurs, est le cheveu français. Une tresse blonde de quatre-vingts centimètres de long se vend jusqu'à un millier de francs. Dieu sait pourtant le prix infime payé à celle qui s'en est dépouillée! Jadis, c'était dans les vallées d'Alsace que la récolte se pratiquait, ainsi que dans les landes de Bretagne.

Il n'est guère de *pardon* où ce commerce ne s'exerce encore, et où les femmes et les jeunes filles, pour quelque fichu de basse qualité, mais éclatant, ne consente à donner sa parure.

Toutefois c'est surtout dans les régions montagneuses et pauvres du plateau central que se récolte le cheveu *vivant.*

Toute foire a ses brocanteurs plus ou moins nombreux, qui étalent aux yeux avides des campagnardes un assortiment d'indiennes aux brillantes couleurs. Le marchand ne cesse de crier en patois :

« *Piaos! fennas, lous piaos! lous pialous! pialous!* (Cheveux! femmes, les cheveux! les petits cheveux! petits cheveux!) »

A cet appel les jeunes filles s'approchent, examinent les marchandises, se laissent tenter, et un marché, dans lequel elles sont toujours dupes, est vivement conclu. Pour quelques mètres d'une mauvaise étoffe, elles donnent le trésor de leur chevelure.

Et alors, enlevant leur coiffe, dénouant leurs tresses, elles se mettent à genoux sur la terre, retenant de leurs mains les bandeaux qui parent leur front et qui ne sont pas compris dans la vente. L'homme, armé de longs ciseaux, tranche brutalement la chevelure et la suspend ensuite à son étalage pour encourager d'autres victimes. Il coupe même quelquefois, par surprise, les bandeaux réservés, d'où des récriminations et même des pleurs.

Ce trafic barbare est général dans la région montagneuse du Centre.

Quant aux cheveux blanc de neige, ils sont hors de prix; ils se vendent sur le pied de deux mille cinq cents francs le kilogramme !

Un très petit nombre de maisons se partagent le commerce des cheveux, à Paris, qu'il s'agisse du cheveu chinois, du cheveu vivant ou du cheveu *remis*.

Ce dernier est celui qu'arrache le démêloir. Il est précieusement recueilli par les chiffonniers, qui l'apportent par quantités notables.

Ces quantités notables proviennent d'une multitude de petites cueillettes effectuées dans les boîtes à ordures. Eh, oui! dans les boîtes à ordures! Toutes les femmes un peu soigneuses de leur personne se coiffent tous les jours; or il faut bien reconnaître que cette pratique, excellente pour l'hygiène et la propreté, est désastreuse pour la conservation de la chevelure. Chaque coup de peigne enlève quelques cheveux, plus ou moins, qui aboutissent à la rue, où les chiffonniers les recueillent précieusement. On peut évaluer sans exagération à cinquante kilogrammes pour Paris seulement la quantité de cheveux que le démêloir retire tous les jours de la tête de nos mères, de nos femmes et de nos filles.

Et alors a lieu le travail le plus singulier pour qui n'en a pas été témoin. Les paquets emmêlés comme une perruque, — c'est le cas de le dire, — sont plongés par poignées dans une eau de savon noir tenue à une douce température. Quand ils ont suffisamment infusé, on pêche chaque cheveu un à un, et, chose bizarre, tous les cheveux se présentent à fleur d'eau, la tête en l'air, chaque bulbe étant un petit flotteur qui met le cheveu dans la main de l'ouvrier.

Ce travail, tout de patience, est une des ressources offertes aux vieux écloppés de Bicêtre, qui trouvent dans cette occupation et dans d'autres du même genre quelques ressources supplémentaires pour améliorer le régime insuffisant que leur assure l'administration et, pour se procurer quelques douceurs.

On travaille de la même façon, sur une vaste échelle, le cheveu de Naples, appelé cheveu de *chute*.

Il paraît que les Napolitaines en perdent beaucoup.

C'est avec tous ces cheveux *vivants* ou de *chute* que se fabriquent la plupart des chignons, coques, tours ou ondulés, que les dames ajoutent à leurs cheveux naturels soit pour remplacer les absents, soit pour combler des vides alarmants ou enrichir une chevelure déjà belle.

Ces matériaux d'apparence si misérable, dont à première vue on ne comprend pas la valeur, sont pourtant de beaucoup supérieurs aux cheveux de taille. Les produits qu'on en obtient sont, pour cette raison, vendus à un prix toujours plus élevé.

Enfin on trouve encore dans le commerce chinois la queue de yack ou de buffle du Thibet, laquelle, bien manipulée, donne de superbes perruques pour le théâtre.

Le théâtre, en effet, absorbe à lui seul plus de cheveux que toutes les classes de la société réunies. Le plus gros assortiment de ces produits est : le *cache-peigne* pour les danseuses et le *gamin* pour les travestis. Les *artistes* capillaires désignent encore comme articles courants : la *perruque* de *négresse*, le *ramoneur*, l'*implanté* et, — triomphe de l'art, — la *perruque chauve*.

Ce serait peut-être le cas de rappeler par quelles étapes

successives est passée l'industrie des faux cheveux depuis que les femmes et... les hommes y ont recours

Pour réparer des ans l'irréparable outrage.

Il serait difficile de préciser l'époque où apparut l'usage des faux cheveux, mais elle est fort éloignée, puisque nombre de momies égyptiennes nous ont révélé que les élégantes du temps de Sésostris faisaient usage de postiches et dissimulaient ainsi les ravages d'une calvitie précoce.

Les Romains, qui avaient puisé nombre de leurs habitudes chez les vieux Égyptiens en passant par l'intermédiaire des Grecs, les Romains n'auraient eu garde de négliger cette mode. Ovide révèle les artifices de toilette des femmes de son temps et signale leur habitude de remplacer leurs cheveux absents par des cheveux empruntés à d'autres têtes.

On sait que l'empereur Commode dissimulait sa calvitie sous une perruque qu'il poudrait avec de la poudre d'or. C'était assurément somptueux, mais cela devait être fort probablement d'un effet malheureux.

Tertullien, et avec lui d'autres Pères de l'Église, reprochait aux femmes de son temps les soins exagérés qu'elles prenaient de leur coiffure; mais il les blâmait surtout de leur engouement pour les faux cheveux dont elles se paraient.

Dans notre pays même, aux premiers temps de la monarchie, les rois seuls, puis plus tard les hauts seigneurs, avaient « droit de chevelure », c'est-à-dire de porter les cheveux longs. Ils y suppléaient artificiellement quand la nature ne les avait point pourvus d'une chevelure naturelle suffisamment fournie. Ceux qui refusaient de recourir à cet artifice adoptaient des coiffures descendant bas sur la nuque, afin de dissimuler cette disgrâce physique. François Ier, malade, ayant dû couper sa chevelure, tous les courtisans l'imitèrent, et la mode des cheveux courts se maintint dans le grand monde jusqu'au moment où Louis XIII, ayant perdu ses cheveux et ne voulant point montrer sa calvitie, se fit faire une perruque.

A partir de ce moment, les perruques firent partie obligée de la toilette masculine. On sait quelles dimensions elles acquirent sous le règne de Louis XIV, et l'importance de l'industrie des postiches à cette époque.

Aujourd'hui, la perruque entière ou partielle n'est portée que par un très petit nombre d'hommes privés de leur chevelure naturelle. Les seuls qui arborent encore les perruques solennelles d'autrefois sont quelques fonctionnaires de l'État anglais qui figurent dans les cérémonies officielles la tête couverte de perruques à marteaux.

Mais, tandis que les hommes abandonnaient cet usage, les femmes recouraient simplement aux postiches pour compléter ou remplacer les éléments de leur coiffure.

Pour satisfaire ce goût, on a épuisé toutes les sources imaginables. Les villageoises finissant par refuser de fournir leurs cheveux contre un payement dérisoire, on a recouru aux prisonnières auxquelles on coupait obligatoirement les cheveux : on a mis à contribution jusqu'aux cadavres des hôpitaux.

Comme tous ces procédés plus ou moins critiquables ne suffisaient pas à la consommation toujours croissante, on a dû chercher hors du vieux monde des centres inépuisables d'approvisionnement. L'Extrême-Orient y a pourvu et y pourvoira lontemps encore.

Mais l'art du postiche ne s'arrête pas à regarnir les fronts dépouillés. En notre siècle avide de nouveau, il était inadmissible de rester au même point que nos ancêtres.

Cette infériorité relative a frappé l'esprit d'un *artiste* anglais, qui a voulu doter ses contemporains d'un bienfait de plus en leur offrant des cils et des sourcils artificiels.

Grâce à la complicité des femmes, qui se sont toujours prêtées et se prêteront toujours aux combinaisons ayant pour but la conservation ou l'accroissement de leurs charmes, *l'artiste* en question a inauguré une nouvelle industrie : fournir des cils et des sourcils à qui en manque.

Les femmes anglaises ont fait accueil à ce nouveau serviteur de leur beauté; mondaines et artistes lyriques ou dramatiques font appel aux services de cette récente industrie.

Dédaigneux des vieux maquillages, un parfumeur avisé a trouvé le moyen de planter des cheveux sur l'arcade sourcilière ainsi qu'au bord des paupières, et de donner ainsi une expression profonde ou langoureuse aux regards qui en ont été le plus cruellement privés par la nature.

L'opération par laquelle s'obtient ce précieux résultat ressemble de bien près à un supplice; mais les délicieuses créatures qui sont assez patientes pour demeurer pendant quatre heures d'horloge entre les mains d'une émailleuse qui leur glace de vernis le visage, les bras et les épaules, sont bien capables d'affronter toutes les souffrances pour atteindre à l'illusion de la perfection plastique.

Armé d'une fine aiguille à laquelle pend un cheveu de nuance assortie à la chevelure de la patiente, parfois un cheveu emprunté à cette chevelure même, l'opérateur attaque l'extrême bord de la paupière entre l'épiderme et le léger ourlet graisseux qui la termine. L'aiguille y est conduite à la façon d'une couture au petit point, le cheveu demeurant lâche et formant à l'extérieur une boucle de deux centimètres de diamètre.

Quand toute la paupière est ainsi cousue, un coup de ciseau sépare le cheveu en deux rangées de cils épais qu'il suffit ensuite de retrousser à l'aide d'un minuscule fer à friser en argent, gros tout au plus comme une aiguille à tricoter.

On opère de même pour la paupière inférieure en faisant de faux cils naturels dans l'autre sens.

La patiente conserve ensuite sur les yeux, pendant une demi-journée, un bandeau huilé. Le lendemain même, il ne reste plus aucune trace de l'opération. Le regard a acquis une poésie exquise qu'il conservera... pendant six mois.

La fabrication du faux sourcil naturel demande un peu plus de temps; mais elle n'oblige pas les coquettes à six ou huit heures de cécité. Ce dernier doit subir une préparation de quelques heures; puis l'opérateur intervient avec son aiguille jusqu'à obtention d'une paire de sourcils tout à fait espagnols.

Un poète délicat a écrit que Dieu avait donné à la femme la bouche pour parler et les yeux pour répondre. Désormais, pour peu que cette mode encore nouvelle envahisse le continent, le sexe fort ne pourra même plus se fier à la sincérité de ces réponses-là.

Et, après cela, qui osera nier le progrès!

A PROPOS DE CHIENS

Lorsque chaque année, à la fin du mois de mai, la terrasse des Tuileries retentit des aboiements, des jappements et des gémissements qui sortent de l'exposition canine, ce n'est pas précisément une satisfaction pour les riverains de l'autre côté de la Seine. En dépit de la distance, le tapage et les parfums spéciaux qui émanent de la bruyante réunion font désirer, dans un vaste rayon alentour, la fermeture de cette fête cynégétique.

Sans discuter sur la valeur et le mérite des candidats qui se disputent les médailles et les récompenses, il nous semble intéressant de montrer, sous un aspect assez inattendu et bien différent de celui auquel nous sommes habitués, le gardien de nos demeures, le compagnon de nos plaisirs, l'enfant gâté des boudoirs. Son état social subit de telles variations !

Il faut le regarder à l'envers de la civilisation, c'est-à-dire dans les contrées inaccessibles à nos raffinements, ou d'une civilisation si recherchée qu'on y retombe comme en Chine, par exemple, à l'état de barbarie.

Ce n'est certes pas là que le chien rencontre, de la part de ses maîtres, les... égards excessifs, — pour ne rien dire de plus, — qui caractérisent bon nombre de ses possesseurs en Europe.

Alors que, dans la plupart des pays d'Orient, le chien n'est qu'un animal méprisé, les peuples de race jaune, au contraire, en ont fait non une bête de luxe, mais une bête de rapport.

La population chinoise, dont l'industrialisme n'a d'égal nulle part au monde, ne néglige aucune source de petit bénéfice; en toute occasion elle sait ajouter un gain à un autre gain, si minime qu'il soit, et l'on n'entendra jamais ceux qui l'ont approchée de près dire d'elle qu'elle se laisse envahir par la sentimentalité.

On sait, en outre, quelle merveilleuse habileté les Chinois déploient dans l'art de fixer les étrangetés de la nature. On connaît leurs arbres lilliputiens, réduction voulue des géants de la végétation, leurs poissons aux formes bizarres, leurs oiseaux de plumage ou de structure excentrique. On ne saurait donc s'étonner que le chien soit, chez eux, l'objet d'une exploitation fructueuse, car on propage certaines espèces pour la chair et pour la fourrure. Il alimente à la fois le commerce de la boucherie et l'industrie de la peausserie.

Nos petits ménages engraissent des lapins pour la table; là-bas, ce sont des chiens qu'on bourre de friandises, qu'on gave de bonne nourriture, qu'on transforme en boules graisseuses jusqu'au moment où, bien à point, ils représentent pour la broche un morceau honorable, surtout s'il est convenablement arrosé d'huile de ricin durant la cuisson. C'est du moins la mode chez les Mogols et les Mandchoux.

On peut se faire une idée approximative de la race passée à l'état de comestible, en voyant les quelques échantillons peu ragoûtants que leur rareté fait exhiber avec orgueil dans nos rues par leurs propriétaires. Ce sont des animaux presque entièrement glabres, à la peau marbrée de taches livides, luisante de graisse, et présentant assez bien l'aspect d'un tout jeune porc. Mais peu importe l'apparence, si la valeur comestible est réelle. Or les peuples du nord du Céleste Empire les apprécient hautement.

Ne nous récrions pas trop; car, en fait d'alimentation, c'est l'habitude qui souvent dirige le goût. Pour le prouver, nous

Chiens chinois.

n'aurions qu'à faire appel aux souvenirs des Parisiens du siège, pour les entendre déclarer qu'on avait fini par trouver délicieux les biftecks de cheval coriace, succulents des rats rôtis, et qu'on se délectait avec des galantines innomables composées d'os et de débris traités par l'acide chlorhydrique.

A l'appui de notre thèse, nous pouvons avouer qu'à cette époque nous avons été plus d'une fois heureux, lorsque notre domestique avait pu trouver des côtelettes de chien pour remplacer les côtelettes de mouton passées à l'état de lointain souvenir. C'est que la viande, même celle du cheval, était rare et parcimonieusement distribuée, chaque citoyen rigoureusement rationné, et que les jours de distribution s'espaçaient de plus en

plus. Une fois qu'on avait surmonté la première impression due
au fumet spécial du chien, nous pouvons affirmer que ce n'était
pas plus mauvais qu'autre chose. La faim aidant, on se montrait
peu difficile.

Mais, aux pays jaunes, le chien ne figure pas seulement sur la
table; il fournit également une bonne partie des fourrures avec
lesquelles on se défend des rigueurs de l'hiver.

Dans cette occurrence, l'animal exploité est d'une espèce basse

Chiens japonais.

sur pattes, pourvu d'une toison extrêmement longue et abondante. On en fait des tapis, ainsi que des descentes de lit et des
couvertures fort recherchées aux États-Unis. Rien qu'en Amérique, les Chinois expédient chaque année plus de deux millions
de ces peaux de chien, et, comme il ne faut rien perdre, les Mandchoux consomment la chair de l'animal avant d'en exporter l'enveloppe. N'est-ce pas exactement ce que nous faisons avec nos
lapins domestiques?

Mais, où grandit la surprise, c'est en affirmant que cette
espèce canine joue dans ces contrées un rôle social, et un rôle
social considérable; ce sont des chiens matrimoniaux! En effet,

la dot d'une jeune fille, en Mandchourie et en Mongolie, consiste souvent en une demi-douzaine de chiens, tout simplement. Le mariage conclu, le futur emmène les six chiens avec toutes sortes de précautions pour ne pas abîmer leur fourrure, et la fiancée par-dessus le marché.

Les contrées chinoises n'ont point l'apanage exclusif de donner une destination utile aux dépouilles du chien, puisque pendant longtemps régna chez nous la mode de faire des gants en peau de chien, et que les orthopédistes mettent constamment à profit, dans la confection de leurs appareils, les qualités de son cuir particulièrement souple et résistant.

Surtout ne nous moquons pas trop des Mongols et des Mandchoux; car, dans la voie utilitaire, nous allons encore plus loin qu'eux. Qu'on en juge !

Chacun sait que nos estomacs fin de siècle n'ont souvent plus la vigueur voulue pour assurer la digestion; nos papilles stomacales sont impuissantes à élaborer le suc gastrique nécessaire à la transformation et à l'assimilation de nos aliments. Il nous faut donc emprunter à des estomacs plus puissants que les nôtres la pepsine qui nous manque.

On croyait jusqu'à présent que le veau, le veau innocent, immolé dans les abattoirs, avait le privilège exclusif d'abandonner ses entrailles aux mains des chimistes qui en extraient des sucs gastriques et les présentent, sous des noms ronflants et des étiquettes alléchantes, au public affligé de dyspepsie. On a reconnu que, soit dégénérescence des races, soit effet d'un régime alimentaire artificiel aujourd'hui trop répandu, la pepsine de veau n'avait plus les vertus héroïques dont nous avons besoin. On a été conduit à demander également au chien l'assistance nécessaire. C'est une justification de la réputation populaire qui fait dire d'un fort mangeur qu'il a « un estomac de chien ».

Seulement ce n'est pas de l'estomac même qu'on retire la précieuse pepsine, c'est... — en vérité, nous ne savons trop comment dire convenablement ces choses; — c'est tout bonnement extrait des... résidus de la digestion. Mon Dieu, oui! Et la recherche de cet élément sanitaire a fait éclore toute une classe d'industriels, que le fisc, toujours à l'affût de recettes nouvelles, n'a pas encore portés sur le tableau des patentés.

Donc, si parfois vous apercevez sur nos voies publiques des hommes aux allures inquiètes, explorant du regard le sol environnant, puis se baissant de temps à autre, allonger la main et déposer avec précaution, dans un sac, le produit de leur cueillette, vous aurez sous les yeux des chasseurs de... pepsine.

Mais il s'en faut de beaucoup qu'ils recueillent indifféremment tout ce que la fortune a placé sur leur route; ils font un choix.

Pour répondre aux exigences du problème, la matière première doit présenter certaines conditions de... densité et de... maturité, que seuls les professionnels savent apprécier; sinon les cours de la... marchandise subissent une dépression désastreuse. Elle n'a plus son emploi que pour une application inférieure dont nous allons parler.

Quand le chasseur de pepsine est suffisamment pourvu, il porte sa récolte à des laboratoires spéciaux qui, à force de cornues et de réactifs, dégagent les principes actifs des parties inertes. Après un traitement convenable, l'œil le plus exercé chercherait en vain à distinguer entre la pepsine de veau et celle de chien. La provenance seule diffère, et les résultats sont meilleurs.

Si quelque malade trop raffiné s'avisait de faire le dégoûté, rappelons-lui que pour le savant, pour le chimiste, il n'existe rien de sale ; la nature présente son œuvre sous mille formes et sous mille aspects différents; jamais elle ne produit rien qui justifie notre dégoût. Tout cela, d'ailleurs, est si bien traité, si bien purifié par les opérations du laboratoire, si élégamment présenté par les officines qui le débitent, qu'il faudrait être un cruel ennemi de soi-même pour refuser de se remettre à neuf l'estomac grâce à un aussi puissant agent de digestion.

Le chasseur de pepsine est, dans sa partie, une façon de personnage qui regarde de haut ceux qui ne bornent pas leurs recherches à la marchandise de première qualité. Il n'a que du mépris pour les malheureux dont le métier consiste à tout ramasser pour l'usage des mégissiers. Or voyez la générosité du chien : il assure nos digestions et il contribue à donner à notre toilette un éclat recherché, car c'est avec ses... sous-produits qu'on prépare les peaux dans lesquelles sont taillés les gants et les petits souliers blancs que, dans leur délire, les amoureux épris baisent si dévotement.

Nous avons ici affaire à une autre catégorie d'industriels. Aujourd'hui dédaignés, ces pilleurs d'épaves de la rue furent longtemps jalousés par le monde des gueux, à raison des bénéfices élevés qu'ils tiraient de leur commerce. L'inventeur de l'industrie a même réalisé une certaine fortune dont il mange les revenus dans un petit chalet ornementé, paraît-il, de bizarres sculptures représentant des chiens faisant... sa fortune. Il fut assez habile pour dissimuler longtemps l'origine de ses bénéfices et maintenir à un niveau élevé le prix de ses denrées, car il vendait son engrais à raison de quinze francs le décalitre. Les mégissiers acceptaient quand même ces hauts cours, tant cette matière... première a de vertus pour la préparation de leurs produits.

Mais la concurrence s'en mêla; en moins de rien ce monopole de fait disparut, tué par les négociants trop nombreux. A peine

Elle explorait la chaussée, s'arrêtant près des arbres.

aujourd'hui obtiennent-ils le dixième du prix qu'en tirait leur initiateur.

Et cependant l'*auri sacra fames* du poëte s'est rencontrée là tout comme sous la colonnade du temple de Plutus. On trouve des spéculateurs même sur cette manne stercoraire! Il en est qui soumissionnent le droit à sa récolte. L'un d'eux s'est fait adjuger les produits de la fourrière de la préfecture de police, c'est-à-dire de l'établissement où sont conduits les chiens errants jusqu'au moment où, non réclamés par leurs propriétaires, on les asphyxie à l'aide du gaz d'éclairage. D'autres ont la... réserve du Jardin d'acclimatation et des chenils importants qui existent aux environs de Paris.

En tout cas, quelque rabaissés que soient les cours de la marchandise, ils existent et représentent une valeur réelle. Qu'on en juge plutôt : on a calculé qu'un chien bien... surveillé peut rendre de quoi payer son impôt.

Parmi ceux que faisait vivre cette bizarre industrie on pouvait voir encore récemment, aux alentours de la place d'Italie, une pauvre vieille grand'maman, qui nourrissait sa fille et ses petites-filles avec le gain de ce qu'elle récoltait à l'aube sur les avenues avoisinantes.

Le sac sur l'épaule, armée d'une cuiller à soupe, elle explorait la chaussée, s'arrêtant près des arbres, des tas de sable, des amoncellements de cailloux. Elle savait que les toutous aiment la solitude pour vaquer à leurs petites affaires. Les chantiers de construction, les jardinets abandonnés, les terrains vagues étaient pour elle de véritables champs d'or où la cueillette était toujours abondante. Elle y trouvait son... gibier, non dans le gazon, mais dans les recoins hérissés d'orties et de chardons, ce qui porterait à faire croire que les chiens ont à cœur de ne pas salir l'herbe courte sur laquelle vient s'ébattre l'enfance du quartier.

Tant que les chiens purent vaguer en liberté, le commerce n'alla pas trop mal ; mais vinrent les arrêtés préfectoraux qui faisaient des toutous de véritables prisonniers. La pauvre femme dut alors se transporter au domicile de... ses fournisseurs. Les propriétaires et les domestiques pitoyables mettaient *ça* de côté, en petit tas, pour la vieille mère. Ses meilleurs clients étaient

les marchands de futailles et de caisses, les charbonniers importants qui sont nombreux dans ces quartiers, et qui tous possèdent de gros chiens de garde : chez eux elle avait vite fait de
remplir son sac d'un fumier de première qualité. Délicatement,
d'un coup de cuiller, elle *les* faisait sauter une à une dans le
sac : pas un grain de sable, pas une épluchure dans sa cueillette;
avec elle la marchandise était toujours franche et nette. Elle
avait une telle expérience que, n'y voyant presque plus, elle ne
se trompait jamais entre ce qui *en était* et ce qui *n'en était* pas.

La ramasseuse ne rentrait jamais chez elle sans porter sur son
dos trois ou quatre seaux de... produits à divers degrés de sic-
cité. Elle les entassait ainsi dans un coin de son pauvre domicile,
jusqu'à ce qu'ils eussent acquis le degré voulu de maturité.

Aux jours convenus la « mère aux chiens » portait sa récolte
aux ateliers qui ne travaillent que les cuirs fins ou les peaux de
première qualité, et qui, selon la saison et les cours, la lui
payaient quinze ou vingt sous le seau.

Une fois en possession de la denrée nécessaire, le mégissier
n'a plus qu'à préparer le *confit,* nom sous lequel est employée
la récolte de tout à l'heure.

On verse dans une cuve trois seaux de cet adjuvant, plus
quelque dix litres de jaunes d'œufs. Le tout est brouillé comme
pour la confection d'une monstrueuse omelette, puis la cuve est
remplie d'eau. Pendant plusieurs semaines ce bain est maintenu à
une température constante de cinq à dix degrés, la plus favorable
pour le dégagement des vertus acides auxquelles on demande le
développement de la souplesse et la blancheur des peaux.

Quand le bain est mûr, on le filtre et on l'écrème pour le
débarrasser de toutes les particules de corps étrangers avalés par
le chien; puis on y plonge les peaux.

On estime que dix kilogrammes de matière première suffisent pour nettoyer et assouplir mille douzaines de ce qu'en langage technique on nomme « fleurs de mouton ». Comme cette quantité répond à peu près à la production annuelle d'une forte mégisserie, on voit que l'acquisition du bienfaisant produit ne doit pas lourdement peser sur les frais généraux de l'établissement.

En tous cas, les cuirs qui ont séjourné dans le bain purificateur en sortent blancs comme du lait, éblouissants, prêts à parer les bras mignons de nos danseuses et à chausser les pieds de nos Cendrillons.

Malheureusement, le métier qui produit ces belles choses est désormais doublement perdu pour les misérables incapables de se livrer à un travail régulier. Non seulement les soumissionnaires leur enlèvent les meilleurs morceaux, mais on voit maintenant des hommes presque jeunes, qui ont des jambes très vites, se précipiter à la... source des matériaux et souffler pour ainsi dire, aux impotents dont c'était la ressource, les éléments de leur existence.

LE

LILAS BLANC

———

Grêles encore et à peine ouverts, les premiers rameaux de lilas blanc ornent les vitrines des fleuristes à la mode au moment même où les hirondelles nous quittent pour aller sous des climats plus doux.

D'une blancheur immaculée, d'une grâce et d'une légèreté sans égale, leurs thyrses élégants vont faire le charme des salons et le plaisir des yeux.

Plus que toute autre cette délicieuse fleurette ravit les jeunes fiancées pour qui elles sont l'hommage obligé, avec qui elles concordent si bien dans leur gracilité, dans leur épanouissement encore incomplet.

Cette image hâtive du printemps, ces ravissantes branches discrètement embaumées, qui trônent si bien dans les appartements somptueux, ne sont pourtant que les produits de l'ombre et du mystère, car c'est de caves obscures qu'il faut extraire ces joyaux recherchés.

Le lilas blanc, celui qui fait l'objet d'un si important commerce hivernal, est un produit purement artificiel. C'est en violentant la nature que nous remplissons nos corbeilles de ses délicieuses inflorescences ; nos confortables intérieurs reçoivent d'un pauvre famélique le relief de bon ton pour lequel les maîtresses de maison luttent de luxe et d'éclat.

Sa végétation est le prix d'efforts prolongés et multiples, car il ne faut pas moins de cinq à six ans pour produire ces branches parfumées qu'on se dispute à prix d'or à certains moments de l'année.

La culture spéciale du lilas blanc est un des triomphes de l'industrie parisienne ; car c'est bien une industrie essentiellement parisienne que le *forçage* du lilas. Elle l'est par son centre d'opérations, elle l'est surtout par son origine.

On assure que le hasard seul a présidé à sa naissance, il y a une cinquantaine d'années.

A cette époque, au lieu dit *Vaugirard*, couvert alors de jardins et de marais, vivait un brave horticulteur peu instruit, mais observateur perspicace. Modifiant un massif de lilas, il abandonna dans leur motte de terre quelques pieds arrachés ; mais comme le froid menaçait et que le temps lui manquait pour replanter ses arbustes, il les transporta, pour les mettre à l'abri, dans une sorte de souterrain, autrefois entrée d'une des carrières qui abondaient sous cette partie du sol parisien. Les lilas y avaient été complètement oubliés quand, aux premiers jours du printemps, pénétrant par hasard dans l'ancienne carrière, il aperçut ses arbustes couverts de ravissantes inflorescences blanches au lieu des thyrses d'une coloration intense qu'ils avaient donnés jusqu'alors.

Ce spectacle plongea notre jardinier dans une profonde méditation d'où sortit le projet de réaliser industriellement ce que le hasard lui avait révélé.

De là à l'exécution il n'y eut qu'un pas. L'hiver suivant, le souterrain, bien clos, bien disposé, fut rempli d'arbustes qui donnèrent au cœur de l'hiver des rameaux fleuris dont l'intelligent jardinier tira un prix énorme.

Une telle aubaine ne manqua point d'éveiller l'attention des voisins, qui eurent bientôt surpris le secret du procédé. En peu de temps, toutes les anciennes carrières de la région devinrent des fabriques de lilas blanc.

Voilà pourquoi, durant de longues années, cette culture fut centralisée à Vaugirard.

Mais Paris étouffait dans sa ceinture trop étroite; il lui fallait de l'espace. Les constructions envahirent la zone suburbaine; les terrains de Vaugirard furent des premiers absorbés, les carrières se vidèrent; la gracieuse industrie dut émigrer et chercher ailleurs des installations favorables.

En se déplaçant, les « forceurs » de lilas appelèrent la science à leur aide, la science qui avait péremptoirement démontré les effets de l'absence ou de l'abondance de la lumière sur la végétation. Ce fut à ce moment que se créèrent les établissements qui s'adonnent aujourd'hui à la production industrielle du lilas blanc.

Quand nous disons lilas blanc, c'est une façon de parler; il conviendrait mieux de dire lilas non coloré, car — cela surprendra plus d'un lecteur — le lilas le plus blanc, celui dont les inflorescences sont les plus délicates, est obtenu par le traitement des variétés précisément les plus vigoureuses et les plus riches en couleur. Ce sont les lilas dits « de Marly » et « de Charles X », dont nous admirons en pleine terre les éclatantes grappes, qui fournissent les éléments de cette gracieuse industrie.

S'il est parfois arrivé à quelques-uns de nos lecteurs de parcourir, autour de Paris, cette charmante région des pépinières où se trouvent situés Vitry, Sceaux, Châtenay, Châtillon et Clamart, ils n'ont pas été sans remarquer de vastes étendues uniquement couvertes de lilas dont la taille ne dépasse pas deux mètres. Ces massifs odorants sont l'atelier où se préparent les milliers, — on pourrait dire les millions, — d'arbustes appelés à fournir, le moment venu, les suaves gerbes de lilas blanc.

Après une croissance de cinq à six ans dirigée dans ce but, l'arbuste est enlevé de la pépinière et placé, avec sa motte de terre, sous un hangar où il est gardé de deux à six mois. Toutes les branches qui ne doivent pas donner de fleurs sont impitoyablement supprimées ; on ne garde que les bourgeons appelés à fleurir ; quelquefois il ne subsiste qu'une seule branche de tout un pied de forte taille. Puis le sujet est planté dans la serre de « forçage », où règne une obscurité presque complète. Tandis que tout le long des murs circulent des tuyaux d'eau chaude destinés à entretenir une température constante de trente à trente-cinq degrés, la toiture de verre est recouverte d'un épais lattis qu'on soulève chaque jour durant quelques minutes pour renouveler l'air et donner la faible somme de lumière indispensable au développement de la plante.

Durant dix mois, de septembre à juillet, on plante par petites quantités à la fois, afin de faire se succéder les époques de la cueillette. Les mottes des arbrisseaux sont à peine enfoncées dans la terre ; leur développement est si rapide, sous l'influence de la température chaude et humide, qu'au bout de vingt jours on peut commencer la récolte.

L'aspect de la serre à ce moment est vraiment charmant. C'est une forêt parfumée de lilas d'une blancheur éblouissante, dont les grappes légères et floconneuses ravissent le regard.

Mais cela ne s'obtient pas sans un travail pénible. Il faut, durant tout le temps de l'épanouissement, que les jardiniers ne quittent pas la serre ; ils doivent travailler au sein d'une atmosphère épuisante, constamment rechercher et supprimer tout bourgeon ne portant pas de fleurs, afin de reporter sur les autres toute la vigueur de la végétation. C'est là l'explication de l'aspect dénudé des rameaux de lilas blanc qui, lorsqu'on les reçoit, sont à peu près dépourvus de feuillage.

Quand la récolte est faite, l'arbuste est enlevé pour faire place à d'autres. Et, de même que le brillant papillon n'a plus qu'à mourir après avoir acquis tout son épanouissement, le lilas qui a subi le « forçage » ne peut plus que végéter et mourir. La souche, mise au rebut, servira uniquement à alimenter l'humble foyer des ouvriers de la « forcerie ».

DISTRIBUTEUR D'IMPRIMÉS

Muni de ma correspondance et du numéro 84, — seulement!
— j'attendais avec la résignation du vieux Parisien, victime
habituée de la Compagnie des omnibus, et la patience imposée
par les rhumatismes de mon âge, qu'une place s'offrît à moi
dans la voiture qui passe à la Madeleine pour se rendre à
Vaugirard.

Quatre fois j'avais fait la traversée de la chaussée, — aller et
retour, — sans trop maugréer, quand mon attention fut éveillée
par un bras qui me mettait violemment sous le nez une immense
feuille de papier embaumant l'encre d'imprimerie.

Au soubresaut occasionné par cette manœuvre inattendue, un
organe horriblement enroué s'empressa de me rassurer:

« Prenez, m'sieu, vous verrez c'que c'est chouette! »

Je dévisageai mon interlocuteur.

C'était une vieille connaissance du trottoir, un de ces camelots
comme il y en a tant à Paris.

Celui-ci « faisait » le coin du boulevard et de la rue Duphot,
où il opérait comme en un fief indiscuté. De sa voix cassée,

brûlée par l'alcool, je l'entendais depuis des années hurler, suivant le jour et selon l'heure, les « numéros gagnants » des loteries, le *Jur* ou la *Queucarde*, le *r'sultat complet des curses* et tous les « canards » de circonstance.

Les jours de « panne », il se rabattait sur l'écoulement des « bouillons » des journaux illustrés, sur les soldes des librairies obérées, sur la distribution des prospectus de combustibles ou la vente de « trois cents calembours pour un sou ».

Les jours de « gras » étaient ceux où, par la distribution de spécimens, il contribuait au lancement d'une nouvelle feuille ou du roman inédit d'un écrivain haut coté dans quelque journal populaire.

Sur le sol, un épais tapis de feuilles abandonnées par les passants disait assez qu'il était dans un de ces jours bénis.

Je me mis à l'observer.

De temps en temps il allait puiser à un tas énorme déposé au pied d'un des arbres du boulevard; il en revenait le bras passé dans une liasse de feuilles imprimées que, d'un geste habile, il détachait une à une et offrait aux passants en observant de présenter sa marchandise sens dessus dessous, de façon à éveiller la curiosité.

C'était, comme de coutume, un long extrait tapageusement illustré d'une de ces œuvres dont on empoisonne le rez-de-chaussée des journaux que dévore la classe populaire.

Et alors, sachant que le public de Paris n'est pas naïf, qu'il connaît fort bien ce qu'on lui offre, je voulus me rendre compte, en philosophe curieux, de l'accueil fait par lui à ces libéralités du trottoir.

Le résultat de mes observations fut, je dois le dire, navrant pour le niveau moral de mes concitoyens.

A en juger uniquement par l'immense quantité de débris jonchant le boulevard, on aurait pu croire qu'un dégoût général accueillait les promesses alléchantes du prologue illustré. Je dus revenir bientôt de cette erreur et constater, au contraire, l'empressement et le nombre des gens qui faisaient accueil à la marchandise de mon camelot.

Au premier rang, les petites ouvrières du quartier, rentrant à leurs ateliers après déjeuner, dévoraient avec une attristante avidité ces pages malsaines. Les apprentis et aussi les ménagères appelées par là, grâce au hasard, tendaient une main avide pour récolter cette manne pernicieuse. Toute cette catégorie de passants ne dissimulait nullement l'attrait qu'elle éprouvait à ces largesses.

Tout cela n'était point fait pour surprendre; c'était, hélas ! dans la logique des choses. Mais il y avait d'autres clients dont quelques-uns devenaient intéressants par leurs allures. Les petites bourgeoises ne tendaient point la main pour recevoir le papier, mais elles ne le refusaient pas; mon distributeur, — qui était un dégourdi, — avait bien vite jugé d'un coup d'œil celles qui accueilleraient volontiers, comme par force, la feuille qu'un peu de respect humain les retenait de solliciter.

Il y avait jusqu'à de belles dames, — de celles qu'on nomme ainsi uniquement à cause de leur toilette, — qui se gardaient de protester contre l'imposition du spécimen. Après deux ou trois pas avec le papier sur le bras, elles le prenaient fort bien et le pliaient avec soin. Quelques-unes même esquissaient un sourire quand l'homme, comprenant leur intention, courait après elles pour leur offrir un peu plus loin ce qu'elles n'avaient pas osé demander. Il en était encore qui, n'ayant pas l'audace de tendre la main et ayant été oubliées par le camelot, ralentis-

saient leur démarche pour lui laisser le temps de combler cette
lacune. Plusieurs, ne recevant pas satisfaction malgré cette

J'attendais qu'une place s'offrît à moi dans la voiture qui passe à la Madeleine.

petite manœuvre et néanmoins honteuses de leur fantaisie, se
retournaient à cent mètres de là et revenaient sur leurs pas
afin d'offrir à mon homme l'occasion de réparer son omission.

Bref, c'était, de la part des femmes, toute une série de petits manèges bien intéressants à observer.

L'attitude des hommes n'était pas non plus sans mériter l'attention.

Il fallait voir avec quelle superbe les messieurs bien mis, bien gantés, refusaient le papier du camelot. Aussi ne s'y trompait-il guère et ne s'aventurait-il pas à tendre la feuille à ce genre de passants. Non que chez la plupart leur dédain fût une protestation contre la grossièreté du mets offert, mais ils ne voulaient point risquer de compromettre la fraîcheur de leurs gants au contact de cette feuille chargée d'encre; aussi fallait-il voir comme ils la repoussaient lorsque l'homme aux spécimens se donnait, de temps à autre, le malin plaisir d'en mettre quand même entre leurs doigts.

Bon nombre, ou surpris ou curieux, — quelques-uns pour ne pas humilier l'humble distributeur, — recevaient le papier, le parcouraient d'un coup d'œil ou bien en faisaient le simulacre, et trois ou quatre pas plus loin rejetaient sur le trottoir la feuille embarrassante.

La jeunesse masculine, par contre, ne montrait pas moins d'avidité que la jeunesse féminine à dévorer les seize colonnes de texte compact composant l'extrait du roman qu'on lançait. Les uns comme les autres pliaient soigneusement la feuille et mettaient dans leur poche cette triste réserve de lecture.

Certains, — des gens pratiques, — s'arrangeaient pour en recevoir plusieurs; la dimension du papier était si favorable à la confection des paquets! Mais mon camelot était un malin, et le manège de ceux qui abusaient ne durait guère; il avait un geste superbe pour refuser sa marchandise à ces exploiteurs.

Le tas principal fondait comme la neige au soleil, tandis

que l'encombrement du trottoir s'accroissait démesurément, et que les passants s'embarrassaient les pieds dans ces volumineuses loques de papier, au point que les agents de police durent faire suspendre le travail du camelot et commander au cantonnier voisin de déblayer la voie.

Quand, deux heures après, je repassai par le même endroit, c'était le soir; mon distributeur, résigné, criait à tue-tête : « *Demandez Auteuil ! r'sultat complet des curses !* »

L'EXPLOITATION DES FAUVES

Il n'est personne, parmi les vieux Parisiens, qui n'ait remarqué avec plus ou moins de satisfaction à quel point les fêtes foraines se sont multipliées depuis quelques années. Sans faire le procès des intéressants industriels qui vivent, — et souvent fort grassement, — de la grosse joie populaire, on ne peut méconnaître que l'extension prise par cette classe d'individus n'est pas sans présenter de nombreux inconvénients et troubler quelque peu le repos de ceux que n'attirent pas les plaisirs bruyants.

Quoi qu'il en soit, les fêtes foraines se multiplient non seulement à Paris, mais aussi ailleurs, et la condition première de ceux qui en fournissent les éléments est de se déplacer continuellement. Parmi ceux-là, les ménageries de fauves occupent une place considérable : considérable non seulement par la réelle importance de leur installation, mais aussi par la faveur dont elles jouissent auprès du public, qui ne leur marchande pas le succès.

A parler franchement, c'est justice, à raison de la beauté de certaines collections zoologiques, de la mise en scène, de la patience et du courage des dompteurs, qui n'ont pas toujours affaire, — ainsi qu'on se plaît à le dire, — à des animaux abrutis. La meilleure preuve en est qu'une des grandes causes du succès des ménageries foraines est l'espoir secret de voir le dompteur aux prises avec une bête insoumise, d'assister à quelque drame où l'on recueillera de fortes émotions.

Dans chaque individu de ce public curieux sommeille un peu de cet Anglais qui, durant plusieurs années, suivit un dompteur dans chacune de ses représentations, assuré d'avoir un jour ou l'autre la satisfaction de le voir dévoré par ses pensionnaires. De fait, si l'on voulait s'en donner la peine, il serait facile d'établir qu'un nombre infime de ces dompteurs se retire indemne du métier ; presque tous portent des marques profondes de leurs démêlés avec leurs élèves, et beaucoup d'entre eux n'achèvent pas leur carrière ; ils sont tués au cours de leurs exercices ou succombent aux suites de leurs blessures.

Il n'y a guère qu'une quarantaine d'années que l'on voit des ménageries se transporter de ville en ville ; jusque-là on ne connaissait que des forains plus ou moins hardis, plus ou moins adroits, qui exhibaient quelque animal extraordinaire dont le spectacle venait corser le programme de ses exercices habituels. C'étaient un ou deux ours, parfois un lion, souvent des serpents entretenus, — on le conçoit, — dans un état de rassurante torpeur, plus souvent des singes, dont les grimaces et l'agilité ont toujours eu le don de plaire à la foule.

Sans faire ici l'historique de cette industrie, nous pouvons dire que les importantes ménageries n'ont pas plus de trente ans d'existence. Leur succès a suscité des concurrents ; aujourd'hui on parcourrait vainement une foire de quelque importance sans y rencontrer au moins un de ces établissements, parfois plusieurs.

Nous n'entendons point entrer dans le secret de leur fonctionnement (ce serait une étude assurément intéressante); mais en voyant leur nombre on arrive tout naturellement à se demander par quels procédés les ménageries renouvellent leurs sujets, comment elles recrutent leur personnel de fauves et ce que peuvent être payés, quand on les achète, tous ces animaux plus ou moins excentriques.

Nous avons trouvé la réponse auprès du directeur d'un très important établissement de ce genre. Nous l'avons trouvée très complète et intéressante à un double point de vue.

Tout d'abord nous avons eu affaire à un homme de fort bonnes manières, et non à un des belluaires que nous nous figurions. C'était au contraire un homme dont la conversation révélait une éducation soignée. Quelques questions discrètes, et peut-être aussi une certaine satisfaction de se montrer supérieur à ses confrères, nous apprirent que, fils d'un dompteur émérite, le jeune homme avait senti naître en lui la vocation du métier, et qu'en dépit des instances paternelles il avait abandonné la brillante carrière vers laquelle on le poussait et s'était adonné avec passion à l'exploitation des fauves.

Ainsi que tous les forains, le jeune homme avait déjà beaucoup voyagé, et il avait recueilli sur place des renseignements fort précis, dont nous faisons à notre tour profiter le lecteur.

C'est ainsi que nous apprîmes que le recrutement et le renouvellement des animaux d'une ménagerie se font à la fois par les naissances et par les acquisitions.

En dépit de leur caractère sauvage, que la reclusion ne détruit jamais, certains fauves se multiplient néanmoins en captivité : non point tous, mais quelques espèces. Il n'est pas très rare de constater la naissance de lionceaux et de tigres en captivité; mais on ne voit jamais se multiplier, sous les yeux de leur dompteur, les ours, les hyènes, les panthères, ni les singes, ni les hippopotames, ni les rhinocéros, ni les girafes. On a constaté quelquefois la venue de jeunes éléphants; mais la plupart des fauves sont frappés de stérilité dès qu'ils sont transplantés en dehors de leur climat habituel.

Lorsque les naissances dont nous parlons ont lieu, c'est une grande joie dans l'établissement; cela promet des sujets plus maniables, si l'on parvient à les élever tout à fait. Dans ce but, on donne généralement comme nourrice aux jeunes tigres et lionceaux une chienne de forte taille qui leur infuse, avec son lait, une plus grande aménité de caractère. D'ailleurs, les mères des nouveaux-nés manquent toujours du lait nécessaire à leur progéniture; la séquestration en est la cause.

Quand, à force de soins, on a pu sauver les jeunes animaux de la consomption qui les emporte presque tous, ils ne tardent pas à être dressés, et ils sont mis de bonne heure au travail. Ce sont généralement des sujets assez dociles, par suite de l'influence de leur nourrice et de la faiblesse ordinaire de leur tempérament; mais il est rare qu'ils vivent bien longtemps. Cependant, comme ces animaux ne coûtent que l'entretien, leur arrivée est toujours vue avec satisfaction.

Mais le vrai mode de recrutement d'une ménagerie, c'est l'achat ou l'échange. Or les transactions sont nombreuses et ont amené la création de véritables marchés, de bourses des fauves, où les non-initiés sont tout surpris de voir des commerçants spéciaux, souvent d'une importance considérable, amener sous le marteau de la criée une étonnante variété et une quantité curieuse d'animaux de toute sorte.

Le principal de ces marchés se tient à Anvers, deux fois par an, au Jardin zoologique de la ville. C'est un magnifique établissement dont ceux qui l'ont visité gardent le plus agréable souvenir. Au mois de mars et au mois de septembre, il organise une vente aux enchères où se donnent rendez-vous tous les gens de la partie, directeurs de jardins zoologiques et forains. La vente dure ordinairement deux jours ; le premier est consacré à ce que les dompteurs nomment dédaigneusement « la volaille » ; c'est-à-dire qu'on adjuge les oiseaux des îles, des perroquets, des casoars et même des autruches, sans compter toutes les variétés rares de faisans, qu'on a vu payer jusqu'à quinze cents francs la paire.

Le second jour a lieu la vente des fauves, et, tandis que les représentants des collections publiques s'attachent à choisir les sujets manquant à leur série, les professionnels se disputent les fauves susceptibles de travailler en public : les lions, les tigres, les ours de toutes couleurs, les hyènes, etc. Ils recherchent avant tout des bêtes vivant depuis quelque temps dans la société du public, des bêtes déjà « habituées à voir le monde ». En trois mois, d'après eux, on « fait » ainsi, d'un lion même adulte, un « lion de jardin ». Mais à aucun prix, si beau qu'il soit, ils n'admettent un animal âgé pour le plier à leurs exercices. Leur humeur est trop farouche et les risques de danger trop grands pour l'homme.

Anvers est le marché en quelque sorte officiel, mais il est d'autres places où se centralise ce genre d'opérations commerciales. Liverpool et Hambourg tiennent la tête, et les maisons qui s'occupent de l'importation des fauves ont des agents constamment en route qui achètent pour leur compte tout ce qui débarque en Europe : à Bordeaux, les lions, panthères et guépards arrivant du Sénégal ; à Marseille, les tigres, les grands

Mort du dompteur Lucas (août 1869), d'après les documents et les informations du temps.

singes de Bornéo et de Sumatra, les éléphants des Indes; à Liverpool, les animaux des colonies anglaises, et surtout les éléphants; à Rotterdam, à Hambourg, partout enfin où aboutissent des fauves, on est sûr de rencontrer quelque représentant de ce commerce.

Ces mêmes maisons entretiennent à l'étranger des compagnies de chasseurs qui ont pour mission principale de capturer les animaux aussi jeunes que possible. A des époques déterminées, ces chasseurs acheminent vers la côte des caravanes composées du produit de leurs chasses; et ce n'est pas une petite affaire.

En effet, non seulement le commerce des animaux féroces est dangereux de toutes les façons; non seulement cette marchandise est difficile à manier, mais encore elle est grevée de frais de transport énormes. Aussi, indépendamment de la vocation toute spéciale qui est nécessaire, n'est-il pas facile au premier venu de s'y adonner, à raison des capitaux considérables qu'il y faut engager.

Lorsque se mettent en route de telles caravanes qui comprennent à la fois des girafes, des éléphants, des léopards, des lions, des hyènes, des antilopes, des singes, — tous animaux bien disparates, comme on voit, — il faut avant tout assurer leur ravitaillement, et l'on doit compter quelquefois de cent vingt à cent cinquante chameaux pour le seul transport de l'eau nécessaire. En outre, plusieurs centaines de chèvres suivent l'expédition. Les chèvres constituent le seul bétail sur pied capable de suivre la caravane, à laquelle il faut chaque jour fournir sa ration de viande fraîche. A chaque étape, on abat le nombre de bêtes nécessaire pour nourrir les carnassiers. En outre, les chèvres, en attendant d'être immolées, fournissent leur lait aux hommes de la caravane et servent de nourrices aux lionceaux dont les mères ont été tuées par les chasseurs.

Il faut souvent plus d'un mois pour atteindre le port d'embarquement, et, quand elle y arrive, la caravane compte déjà de nombreux vides; mais c'est surtout à bord des navires que se produisent les catastrophes les plus graves.

Les éléphants, surtout, n'ont pas le pied marin; ils ne peuvent faire un pas sur le pont d'un navire sans chanceler comme des enfants, et, quand ils tombent, leurs chutes sont mortelles; ils ne peuvent plus se relever. Sur mer, ils sont sujets à des défaillances de toute nature; leur insatiable appétit disparaît; souffrant cruellement du mal de mer, ils refusent obstinément tous les aliments qui leur sont offerts. Aussi sont-ils plus que décimés par la traversée; il arrive très bien de ne pouvoir débarquer plus du tiers de la cargaison; le reste a péri en route.

L'autruche supporte bien le voyage, mais elle est très sujette à se briser les jambes pour peu que la mer soit forte, et l'on a vu des bandes nombreuses de ces grands oiseaux disparaître par cette cause avant d'arriver au port.

Le meilleur voyageur de tous est le rhinocéros, qui supporte vaillamment de longues traversées; mais il est fort difficile à transporter une fois débarqué, car il tolère très mal de se sentir véhiculer. C'est un dangereux colis, malgré les précautions et les entraves dont on l'entoure.

Par exemple, les caïmans et toute la gent crocodile sont de déplorables compagnons de route, non qu'ils soient fort embarrassants durant le séjour à bord, car ils supportent assez bien la traversée dans les caisses où ils sont enfermés et mis à fond de cale. Mais l'heure du débarquement est un moment terrible; ils éprouvent une telle surexcitation en revoyant la lumière du jour, qu'ils ne peuvent résister au besoin de s'entre-tuer. Il faut, au plus vite, leur mettre une muselière, et cette opération est d'autant plus difficile, qu'il ne suffit pas de leur attacher tant bien que mal autour du cou un de ces appareils destinés à rendre enragés les toutous les plus pacifiques ; il faut nouer

Le dompteur Martin au théâtre de la Porte-Saint-Martin, d'après le *Monde dramatique*.

solidement leurs formidables mâchoires avec un robuste câble, pour les empêcher de s'entre-dévorer.

Chose surprenante, ce système, qui a pour résultat d'exaspérer les chiens, produit des effets tout différents sur les alligators. Après avoir passé plusieurs jours ensemble dans le même bassin sans pouvoir se mordre mutuellement, ces animaux s'habituent à vivre en commun sur un pied de paix armée ;

toutefois ils ne renoncent jamais à la secrète espérance de dévorer tôt ou tard leur gardien.

Mais, de tous les voyageurs dont nous nous occupons, ceux qui exigent le plus de soins, qui donnent le plus de mal, ce sont les grands singes des îles de la Sonde. Orangs-outangs et chimpanzés sont d'une désolante délicatesse de tempérament. A peine embarqués, les complications commencent : c'est le régime alimentaire, c'est le mal de mer, c'est la température inégale des jours et des nuits, c'est le manque d'exercice, qui tour à tour viennent éprouver ces passagers. Les risques de route sont énormes avec eux, et beaucoup n'atteignent pas le but du voyage. Quand ils arrivent, la plupart portent déjà en soi le germe de la phtisie qui les emportera infailliblement un jour.

« Aussi, nous fit remarquer notre cicérone, vous constaterez le petit nombre de ces échantillons anthropomorphes dans les collections publiques et le peu de durée de leur existence sous nos climats, en dépit des soins dont on les entoure. Vous en verrez fort rarement dans une ménagerie ; ce sont des bêtes trop délicates, auxquelles nos déplacements continuels sont funestes. Nous n'avons pas d'ailleurs les moyens de remplacer souvent des sujets aussi coûteux et trop peu lucratifs.

« D'ailleurs, ajouta-t-il, nous ne sommes pas absolument maîtres de composer notre troupe selon notre caprice. Nous sommes, sous ce rapport, les esclaves du public dont il nous faut satisfaire le goût ; nous sommes tenus de subir les exigences de la mode, — le mot n'est pas exagéré, — bien qu'on ne s'attende guère à la rencontrer dans de telles régions. On ne saurait imaginer à quel point les inexplicables et soudains engouements du public provoquent de brusques oscillations de hausse et de baisse sur le marché des animaux.

« Les singes, jadis si en vogue, subissent une grande défaveur. Les grands anthropoïdes et les hamadryas conservent seuls une cote de quelque valeur. Vienne l'hiver, c'est à peine si l'on trouvera dix francs d'un singe ordinaire.

« Les reptiles sont plus dépréciés encore dans notre partie. Il n'y a que les collections zoologiques qui les achètent, et seulement les plus beaux sujets.

« Les lions, les tigres, les léopards, les panthères, les ours, tous les carnassiers sont en faveur; leurs prix se maintiennent, et ils donnent lieu à des transactions très actives. La valeur des lions varie entre trois et cinq mille francs; les lionceaux se vendent de mille à douze cents francs; un tigre vaut de deux mille cinq cents à quatre mille francs; un léopard ne coûte que sept cent cinquante francs. Un ours blanc, arrivant directement des mers polaires, se paye entre mille et douze cents francs; mais un vulgaire ours brun ne dépasse guère deux cent cinquante francs. S'il a le museau jaune, il est d'origine américaine; en ce cas, sa valeur est double.

« Parmi les animaux les plus haut cotés, il faut citer l'hippopotame, pour lequel le public montre un singulier engouement. C'est par vingt et vingt-cinq mille francs qu'on doit compter pour en devenir possesseur. Bien que les neuf dixièmes de ceux qu'on exhibe proviennent de l'Afrique occidentale, ce sont toujours des hippopotames du Nil pour le public, qui n'en veut pas d'autres. Mais si l'animal est en famille, alors la cote atteint des prix fous : le jardin zoologique de Rio-de-Janeiro a bel et bien payé cent mille francs un ménage d'hippopotames accompagné d'un jeune encore à la mamelle.

« Jadis très délaissées, puisqu'on s'en débarrassait difficilement à quinze cents francs, les girafes ont vu remonter leurs actions. Il n'y a plus de cours maintenant : quinze, vingt, vingt-cinq mille francs même, pour un seul sujet.

« Mais le roi de la cote, c'est le rhinocéros. S'il est unicorne, on s'en tire avec trente ou trente-cinq mille francs ; mais si son front est orné d'une double corne, alors il faut renoncer à l'acheter ; des potentats ou des financiers peuvent seuls se payer cette ruineuse fantaisie.

« Quant aux éléphants, ils sont presque les animaux les moins coûteux si l'on tient compte des grands services qu'ils rendent, de leur bonne acclimatation et de leur longévité. Leur prix oscille entre dix et quinze mille francs seulement. »

Et, tout en nous faisant ressortir les qualités de chacun de ses pensionnaires, notre interlocuteur, heureux d'avoir un auditeur attentif, se montrait plein de son sujet et nous donnait force détails.

« Ce n'est pas encore tout que d'avoir réuni en un seul établissement tant d'animaux divers ; il faut faire leur éducation, il faut aussi surveiller de très près leur santé. Vous vous en étonnerez sans doute, mais ma plus grande source de dépenses, après la nourriture, nous dit-il, ce sont les médecines pour mes fauves. Vous aurez peine à le croire, mais les lions, les tigres, les éléphants, sont sujets à autant de malaises que les enfants.

« Venant des pays tropicaux, ces animaux souffrent beaucoup de notre vilain climat.

« Ce grand éléphant, que vous voyez, attrape constamment des rhumes ; que pensez-vous que je lui donne ? Un bol de rhum brûlant. Il avale d'un seul coup cinq litres de punch très fort, comme vous avaleriez un petit verre. Il ne recule pas, non plus, devant un seau plein d'huile de ricin.

Le lion.

« Les lions, très sensibles au froid, sont sujets à des affections pulmonaires et rhumatismales. Je leur donne du lait, de la quinine, du rhum.

« Tenez, ce gros lion, là-bas, a même eu une fois mal aux dents. Je n'ai pas trouvé, dans toute la ville, un dentiste pour lui extraire sa canine. Nous dûmes lier l'animal malade avec de fortes cordes, lui mettre un bâillon, et un de ses gardiens lui arracha la dent avec une énorme paire de pinces.

« Les autruches, ne m'en parlez pas ! La gaillarde qui est appuyée contre la grille ne voulait plus rien manger depuis des semaines. Je ne savais quoi lui donner, et, comme je m'attendais d'heure en heure à la voir périr, quelqu'un me conseilla de lui préparer un breuvage avec des dents de lion. Elle l'avala avec avidité, et fut guérie.

« Je ne puis vous donner la liste complète de toutes les médecines que nous sommes obligés d'administrer à nos pensionnaires ; mais, ce que je puis vous dire, c'est que la note de l'apothicaire est celle qui coûte le plus dans une ménagerie.

« Il y a enfin l'éducation ; c'est la grosse affaire. Comme elle exige beaucoup de temps et de patience, et, pour réussir à souhait, un local à part, nous nous déchargeons sur d'autres du soin des premières études. Nous avons ce qu'on pourrait appeler des classes enfantines. Pour parler plus exactement, nous achetons la plupart de nos sujets aux grands marchands de fauves qui nous les livrent tout dressés, c'est-à-dire suffisamment formés pour que chacun de nous puisse compléter leur éducation et créer des « numéros » à sensation.

« Et tenez ! fit le dompteur, si l'occasion vous en est offerte, ne manquez pas de visiter les grands établissements de Hambourg. Vous y éprouverez quelque étonnement lorsque vous apercevrez pêle-mêle, faisant fort bon ménage, des éléphants, des chèvres, des lions et des agneaux, des léopards, des ours, des chiens et des tigres. Habitués de très bonne heure à vivre en commun et à se trouver en contact permanent avec des hommes qui les traitent d'une façon extrêmement douce, ces animaux oublient leur férocité naturelle et apprennent, avec une docilité remarquable, les exercices que leurs maîtres jugent à propos de leur enseigner. Les tigres et les lions se dressent aussi facilement les uns que les autres, et, contrairement à la déplorable réputation qui leur est faite, les tigres ont pour leurs professeurs un véritable attachement.

« Après dix-huit mois ou deux ans de classe, nos élèves sont aptes à paraître en public et à aborder les « études supérieures ».

« Toutefois, pour être tout à fait véridique, il convient de reconnaître que la bonne harmonie de tout à l'heure est quelquefois troublée. Tous ces animaux, surtout les carnassiers, sont excessivement nerveux, et les changements de temps influent sur leur caractère. Il faut se tenir sur ses gardes et ne pas prolonger outre mesure leurs exercices. On ne doit pas s'étonner non plus de voir des querelles éclater entre eux et se vider en champ clos.

« J'ai vu ici même deux boas, compagnons jusqu'alors pacifiques, se prendre de querelle pour un lapin jeté dans leur cage. Le palefrenier avait, par mégarde, négligé d'en donner un à chacun. Le plus petit des deux boas, déroulant d'un seul coup ses spirales, avait gagné l'autre de vitesse et saisissait déjà la proie convoitée, lorsqu'il se sentit enroulé dans une puissante étreinte. C'était son camarade qui abusait de sa force pour l'arrêter net et dévorer tout seul le repas litigieux.

« Le plus faible subit la loi du vainqueur, mais il n'abandonna pas tout espoir de revanche. Il attendit le moment où son adversaire était à moitié engourdi par le premier travail de la digestion pour l'enlacer à son tour, le mordre cruellement à diverses reprises et le presser avec vigueur contre les parois de la cage. Le boa, dont l'estomac était chargé d'un lapin englouti d'une seule bouchée, ne pouvait se défendre et lançait des sifflements désespérés. Puis il se tut, devint inerte, et les gardiens de la ménagerie le crurent mort. Le lendemain, les deux serpents étaient redevenus bons amis.

« Je vous disais tout à l'heure que l'on faisait aux tigres une réputation imméritée qui les suit partout : celle d'être toujours prêts à verser du sang pour l'amour de l'art. Jugez-en.

« Un jour, je crus indispensable d'intervenir pour mettre fin à un combat acharné qui s'était engagé entre un chien et un tigre. Le tigre regagna sa cage en tremblant sous les coups de fouet ; quant au chien, il se jeta sur moi et me mordit cruellement.

« C'est la première fois que j'ai été mordu depuis que j'exerce la profession de dompteur ; mais je n'ose pas vous affirmer que ce sera la dernière, » conclut avec désinvolture le directeur de l'établissement en prenant congé de son visiteur.

LE

FABRICANT D'ASTICOTS

Ne vous récriez pas trop en lisant ce titre, et permettez plutôt qu'on vous présente cet industriel non inscrit sur le *Bottin*, mais dont l'existence ne saurait être niée, traitant des chiffres sérieux d'affaires, expédiant par chemin de fer d'importants colis, et fort apprécié par une nombreuse classe de citoyens.

Chacun sait que le pêcheur à la ligne est légion; on sait aussi que son plaisir inoffensif tourne vite à la passion, et que les adeptes de la ligne sont gens capables des plus pénibles sacrifices pour y donner satisfaction. Ils bravent avec une admirable résignation les ardeurs du soleil, les morsures de la bise et du froid, les stations prolongées sous les cataractes du ciel, les rhumes et les fluxions de poitrine. Tout cela est souvent en pure perte. Il serait facile de venir après tant d'autres tourner en dérision un goût qui, après tout, n'est pas plus ridicule que nombre de distractions admises. Nous n'avons pas à faire ici le portrait du pêcheur à la ligne; la peinture en serait chatoyante ou sombre, selon le pinceau qui la traite. De hauts patronages ont défendu, protégé, relevé la pêche à la ligne, dans des termes et avec une autorité que nous ne saurions égaler. De grands talents, des plumes habiles s'en sont fait les détracteurs. En tout cas, c'est un sport fort goûté, une distraction qui s'impose presque à la campagne ; d'ailleurs, la violence des attaques comme celle des ripostes prouve du moins qu'il faut compter avec le monde des pêcheurs et qu'il a une réelle importance.

Son existence a pris depuis quelques années une forme officielle, qui se trouve maintenant accentuée par la constitution de syndicats fonctionnant avec fruit pour la défense des intérêts de la corporation à peu près partout où l'on peut grouper un noyau suffisant d'adeptes.

Il est donc naturel que ce public nombreux ait amené la formation, autour de lui, de diverses catégories d'industriels cherchant à vivre de sa passion, exploitant sa faiblesse et ses goûts. Le fabricant d'asticots est un de ces parasites, et non le moins important.

L'exercice de la pêche a pour base essentielle, mais peu fixe, l'asticot grouillant, cette petite larve odorante que fournissent et d'où naissent les mouches qui, à certaines époques de l'année, infestent notre air et irritent si fort nos nerfs. A Paris et dans les grands centres, on ne connaît guère d'autre appât.

Pourquoi ce privilège, qui semble réservé aux grandes agglomérations de population ? C'est que l'asticot ne se trouve pas comme le lombric, qui est l'appât des provinciaux et des campagnards, partout où il y a quelques mètres carrés de terre.

C'est que sa préparation et surtout sa récolte sont des opérations assez peu ragoûtantes, et que, si les pêcheurs peuvent consentir à se servir de cet appât, il en est bien peu qui soient disposés à pratiquer de leurs propres mains l'abominable cuisine à l'aide de laquelle on obtient ce produit si apprécié cependant du poisson.

Nous ne dirons pas que l'asticot s'engendre par la corruption : il y a longtemps que, grâce à Pasteur, on ne croit plus à ces facultés productrices de la matière corrompue ; mais ce qui est certain, c'est qu'il naît, se développe et prospère dans un foyer de corruption.

L'asticot n'est autre chose que la larve de la mouche à viande, grosse mouche à corselet rayé de lignes longitudinales grises et à l'abdomen soyeux. Des larves à peu près semblables sont produites par la mouche verte, bien reconnaissable à son corselet de couleur verte cuivrée, à peu près de la même nuance que les cantharides. La mouche ordinaire, elle, donne des larves analogues, mais plus petites.

A peine un animal a-t-il perdu la vie, dans une chaude journée d'été, que l'on voit arriver autour de son cadavre des légions de ces deux espèces de mouches, averties par ce sens particulier qui ne trompe jamais les animaux dans l'accomplissement des manœuvres qui doivent assurer la reproduction de l'espèce.

Ce n'est pas pour en faire une curée que les mouches se pressent autour de cette chair morte, c'est pour lui confier les germes de leur progéniture et en assurer le développement en les déposant dans un milieu approprié à leurs besoins. La mouche grise pond sur ces débris animaux de petites larves microscopiques ; la mouche verte y insère des œufs qui ne tardent pas à éclore et à donner naissance à des centaines d'êtres de la même espèce. En effet, sous l'action combinée de la chaleur et de l'humidité, la fermentation s'établit bientôt dans la masse de chair morte et développe une température essentiellement favorable à l'incubation des hôtes qu'elle recèle.

L'éclosion a bientôt lieu ; la croissance de ces petits animaux s'opère avec une rapidité prodigieuse et, pour ainsi dire, à vue d'œil. Armés, malgré leur petitesse, d'un appareil buccal très puissant, ils pénètrent en rampant dans les tissus, les réduisent

La pêche à la ligne.

en une sorte de bouillie dont ils se nourrissent et prospèrent au milieu de la fermentation putride que favorisent le déchirement, le broiement des chairs et même, suivant quelques naturalistes, l'influence d'une liqueur toute spéciale sécrétée par ces larves immondes.

Ce serait peut-être le cas de faire ressortir ici cet admirable travail de la nature qui, pour faire disparaître les cadavres risquant d'infester l'atmosphère, appelle à son aide des légions de travailleurs, dont le salaire sera simplement l'élément de leur propre vie.

Mais ce n'est pas comme agents de salubrité que le pêcheur

considère les larves dont nous venons de parler ; c'est uniquement comme un appât précieux pour le poisson. L'asticot, sous son enveloppe rondelette et dodue, recèle une pulpe animale très appétissante pour les habitants des eaux ; son odeur est un puissant attrait pour le poisson et lui mérite toute la considération du pêcheur.

Tous ces détails étant médiocrement séduisants, on comprend la répugnance qu'on éprouve généralement pour l'asticot, malgré ses propriétés précieuses pour la pêche à la ligne. Cependant, une fois sorties de leur gangue pestilentielle et purifiées de leurs souillures au moyen de quelques poignées de son, l'aspect de ces larves est moins dégoûtant, leur fumet beaucoup moins prononcé, et, l'habitude aidant, on en arrive à manier l'asticot sans y penser.

Nous avons dit que c'était principalement dans les grandes villes qu'on pouvait facilement se procurer ces utiles auxiliaires du pêcheur. C'est, en effet, surtout dans ces localités que l'abondance des consommations fournit en quantité toujours renaissante les détritus animaux dans lesquels la mouche à viande aime à déposer sa progéniture ; les abats de boucherie y sont plus abondants que les plates-bandes de jardins. C'est aussi parce que, dans les villes plus qu'ailleurs, il se trouve de ces existences déclassées, de ces industriels interlopes, que leur génie prédestine à l'exercice de commerces inconnus et impossibles, comme, par exemple, la fabrication de l'asticot.

Nous disons la fabrication, et c'est à dessein que nous employons ce mot.

Depuis nombre d'années on a fait beaucoup pour l'assainissement des habitations de Paris, ce qui est loin de signifier qu'il ne reste rien à faire ; bien au contraire.

Il n'est plus, l'heureux temps où les boucheries, situées au milieu des villes, y entretenaient ces vastes foyers d'infection si nuisibles à la santé publique, mais si favorables à la multiplication des mouches grises ou vertes.

Pour ne parler que de Paris, on voyait jadis dans la plaine de Montfaucon, lieu de sinistre mémoire, des tribus d'équarrisseurs à la porte désquels affluaient chaque jour de malheureux animaux voués à la mort. Abattus par le couteau, dépouillés, sanglants, leurs cadavres restaient sur le terrain, où bientôt des légions de rats et des myriades d'asticots mettaient à nu leurs ossements destinés à donner du noir animal.

C'est dans le laboratoire des équarrisseurs que le négociant en asticots allait chaque matin faire une facile et abondante récolte. Il n'avait littéralement qu'à se baisser et à prendre.

Un beau matin, sous le prétexte que tout le nord-est de Paris était infecté par les émanations putrides des clos de Montfaucon, l'autorité municipale s'est émue : on a imaginé de cuire les chevaux morts au lieu de les laisser pourrir et de faire consommer leur chair par des porcs qui font l'orgueil des expositions d'animaux gras, au lieu de la laisser dévorer par les asticots.

On a donc supprimé Montfaucon, mais les quartiers du nord-est de Paris n'ont rien perdu pour cela. Au lieu d'être empoisonnés par les charognes pourrissant au soleil, ils le sont maintenant par les émanations s'échappant des innombrables usines qui remplissent Ménilmontant, la Villette, Aubervilliers et les alentours. Une enquête a récemment démontré qu'il y avait, installées dans un périmètre restreint, près de soixante industries de nature différente, luttant de puanteur et d'insalubrité, qui déversent à flots sur la ville leurs miasmes pestilentiels.

A partir du moment où Montfaucon n'exista plus, le commerce de l'asticot, qui n'était qu'une simple cueillette, est devenu une exploitation industrielle. Les pêcheurs réclamaient avec la même exigence leur manne quotidienne, et les moyens de les satisfaire menaçaient de manquer, lorsque des hommes de génie se sont rencontrés qui ont su conjurer la crise. Privés de leur grand centre d'approvisionnement, ils se sont introduits partout où l'on traite les viandes d'animaux et leurs déchets ; ils ont étudié la situation et reconnu qu'il y avait encore de beaux jours pour leur fructueux commerce. Ils ont reconnu que, malgré le luxe de propreté aujourd'hui déployé dans les abattoirs de toute espèce, il y avait encore des coins obscurs, des réduits où ne pénétrait pas, où ne pouvait pas pénétrer la surveillance administrative, et que là se rencontraient encore, — mais combien réduites ! — des pépinières fécondes, des couvoirs où leur intéressante marchandise continuait à éclore.

Leur industrie n'est pas compliquée : comme matériel, un récipient et une écumoire. Comme capital, quelques gouttes offertes aux garçons d'abattoirs. Cela est suffisant pour leur ouvrir ces nouveaux trésors de Golconde. Mais comme la récolte est maigre, ils multiplient leurs recherches et centralisent le produit de leurs chasses. L'abattoir ne suffit plus ; il faut s'adresser aux établissements variés qui s'occupent du traitement des résidus d'animaux ; ce sont les fabriques de colle-forte, les usines où se fondent les graisses à feu nu, les établissements qui traitent les graisses de cuisine, ceux où l'on extrait l'huile des matières animales, les boyauderies, les carboniseries d'os, les échaudoirs, les établissements d'équarrissage, — car il en subsiste toujours, — les ateliers pour le dégraissage des peaux, les triperies, les fondoirs de tout genre ; en un mot, une multitude d'industries où les matières premières attendent patiemment, en pourrissant à l'air libre, le moment d'être transformées.

C'est ce champ étendu qu'exploite le négociant en asticots, et où il trouve encore une abondante moisson.

Surtout qu'on ne sourie pas à ce mot de négociant; il y a les gros bonnets de la partie! Ce sont des gens qui centralisent la récolte des pauvres diables, tout comme les chiffonniers en gros centralisent la « cueillette » des vulgaires « biffins ». De leur magasin sortent tous les jours, durant l'été, des hectolitres d'asticots, qui sont répartis entre les nombreux marchands d'instruments de pêche bordant les quais de Paris et de ses environs. Non seulement ils approvisionnent les pêcheurs parisiens, mais ils alimentent aussi la province. Tous les soirs les lignes de chemins de fer emportent des façons de grands pots à lait en fer-blanc qui contiennent quarante à cinquante litres d'asticots et s'en vont, en bruissant comme les abeilles d'une ruche, attendre aux stations chères aux Parisiens d'être débités aux fervents de là pêche à la ligne.

Le croirait-on ? Il y a du raffinement jusque dans cette étrange industrie. Et c'est ici qu'intervient le fabricant.

Nul n'ignore quelle variété d'engins a créée l'imagination des chasseurs et les inventions véritablement étonnantes dont est capable un chasseur pour s'assurer un meilleur succès. Les pêcheurs ne le cèdent en rien à leurs confrères du fusil, et Dieu sait quelles idées baroques traversent le cerveau de certains d'entre eux à la recherche de la martingale devant rapporter des captures exceptionnelles. C'est surtout dans la composition des appâts *infaillibles* que brille leur imagination.

L'asticot lui-même n'a pas échappé à tout ce *truquage,* et le fabricant y trouve son compte. Pour bon nombre de pêcheurs, l'asticot ordinaire n'a point toutes les vertus rêvées ; il en est qui veulent des asticots faits en quelque sorte sur mesure. C'est ainsi qu'au lieu de confondre dans une promiscuité fâcheuse les asticots de toute provenance, le fabricant fait toute une classification et établit des catégories de produits d'une valeur différente. Il peut alors offrir, suivant les préférences ou les opinions piscatoires de son client : l'asticot ordinaire ; l'asticot de graisse, qui se signale par une plus forte taille ; l'asticot de tête de mouton blanc et gras ; l'asticot de cheval, qui est un produit de forte taille et de teinte grisâtre ; enfin, le suprême du genre, l'asticot de foie, qui, paraît-il, n'a pas son pareil comme délicatesse et comme grosseur.

Il est des fervents de la ligne qui professent à ce sujet des opinions irréductibles et qui se passeraient de leur distraction favorite plutôt que de ne pas pêcher avec l'asticot de leur choix. Ceux-là sont connus du fabricant, qui s'arrange toujours de façon à avoir un stock conforme aux préférences de ses clients. Il connaît leurs jours de pêche et leur promet de « leur faire » pour le moment fixé la quantité dont ils ont besoin.

De fait, il fabrique réellement des asticots « sur commande ». Ce n'est peut-être pas au moyen de procédés bien propres, mais il arrive à point nommé avec sa marchandise.

Les « artistes » de ce genre ne sont pas nombreux, mais il en existe. Et disons en passant que, dans la pensée du peuple qui l'emploie, cette désignation d' « artistes » n'a rien d'outrageant pour ceux qui cultivent avec plus ou moins de bonheur les beaux-arts. Tous ceux qui, par la seule raison que sans boutique, sans patente, sans frais, ils gagnent leur vie sans avoir besoin de personne, sans avoir à subir la discipline des ateliers, qu'ils mènent leur existence à leur guise, tous ces gens-là sont des « artistes ». Le fabricant d'asticots en fait essentiellement partie.

Ce n'est pas dans les quartiers luxueux qu'il installe son usine. Oh ! non. Il y a quelques années encore, on pouvait le rencontrer dans certains quartiers populeux, où l'entassement et la promiscuité des locaux avaient habitué leurs habitants à se montrer peu difficiles. Alors le fabricant accaparait le sommet d'une maison, les coins les plus abandonnés des greniers, et il y mettait macérer les charognes de chats et de chiens qu'il se procurait auprès de ses compères les chiffonniers. Quand la putréfaction était suffisante, les vers s'y mettaient, et la bonne nature faisait le reste.

Puis vint un jour où les commissions d'hygiène prétendirent que cette fabrication était une cause de danger pour la santé publique, et le fabricant d'asticots dut transférer son industrie ailleurs. Exproprié, il ne reçut même pas d'indemnité, comme ses confrères en puanteur ayant pignon sur rue.

Depuis ce moment, c'est *extra muros*, dans ces régions où la police se hasarde le moins possible, que notre fabricant s'est transporté. Là, point de voisins gênants, car il n'en a pas, ou bien ceux qu'il peut avoir exercent des métiers n'ayant rien à envier au sien. Mais aussi il peut se livrer à toutes les variétés de fabrication qu'exige sa clientèle.

En étudiant sur place, pour en faire une description fidèle, l'industrie stercoraire de Paris, autrement dit l'industrie des chiffonniers, nous avons eu l'occasion de jeter un coup d'œil, — oh ! un seul ! — dans un établissement de ce genre. Il y avait là, sous un hangar sordide, des chairs pantelantes et innomables pendues de tous côtés ; chacune de ces charognes représentait une fabrication particulière : ici des volailles crevées, d'où, quand ils étaient mûrs, les asticots tombaient un à un dans des récipients pleins de son ou de terre sèche. Et l'industriel se complaisait dans l'énoncé de ses opérations. Une masse informe retenait surtout son attention, car il craignait de ne pouvoir « livrer » en temps utile le produit qui s'y élaborait. C'était, paraît-il, un foie de vache phtisique destiné à fournir au marchand en gros qui lui prenait toute sa fabrication la provision spéciale que lui réclamait chaque semaine un « client sérieux ».

« Des veinards, ces gros marchands ! ajoutait-il ; il n'y en a que pour eux ! Chez celui qui m'achète, on ne voit que des « gens de la haute ». Ils se fournissent tous chez lui. Et puis, tous les jours, c'est des expéditions en province, faut voir ! Il y en a comme ça des tas à qui il envoie régulièrement, une ou deux fois par semaine, un colis postal contenant les asticots « commandés » par ces messieurs. Il peut se vanter d'en gagner de cet argent !

— Eh bien, et vous ? en gagnez-vous aussi selon votre désir ?

— Des fois ! Cela dépend de la saison. En été, on vend beaucoup, mais bon marché, la marchandise ne manque pas. En hiver, les clients sont rares, on ne fait rien ; au printemps seulement cela reprend un peu, pour la primeur.

— La primeur ? » fîmes-nous étonné.

Et, après des hésitations, dont put seule avoir raison la promesse d'une forte rasade d'eau-de-vie, après bien des circonlocutions comme doivent seuls en employer les diplomates qui se confient un secret d'État, l'homme consentit à lever pour nous les derniers voiles qui cachaient les coins intimes de sa fabrication.

Nous apprîmes alors que de même qu'on fait des petits pois,

des asperges et des lilas de primeur, on élève des asticots de primeur ».

Notre « artiste » était un *dilettante* du genre. Avec un très petit nombre de confrères, il faisait spécialement « la primeur ».

Dans ce but, au moment où les froids vont sévir, il gardait précieusement, dans un endroit convenablement préparé, un certain nombre de ses plus beaux asticots. Car notre homme est de son temps, c'est un progressiste : il connaît les grands principes de la sélection et il les applique. Quand ses reproducteurs, accomplissant leur évolution naturelle, s'étaient transformés en chrysalides, il les enfermait dans une boîte bien garnie de cendres et les plaçait au frais, de façon à prolonger leur sommeil hivernal.

Après les dernières rigueurs de l'hiver, il reprenait ses chrysalides et les exposait à une douce température, de façon à hâter la métamorphose en insecte parfait. Et, comme il fallait nourrir les jeunes mouches issues des chrysalides, il leur mettait le couvert chez lui. Dans tous les coins, des détritus animaux leur fournissaient une ample nourriture. Il allait et venait, impassible, au milieu de ses essaims de mouches, comme jadis le pasteur Aristée se complaisait au milieu de ses essaims d'abeilles. Il ne redoutait point leur fuite, car ses pensionnaires étaient retenus par la chaleur qui régnait dans son couvoir ; la température extérieure les eût tuées net.

Or le couvoir en question n'était autre que sa propre chambre. Quand, la mouche étant adulte, il s'agissait de la pousser à la multiplication de l'espèce, alors il redoublait de soins et d'attentions. Une douce chaleur étant la condition nécessaire pour obtenir l'asticot de primeur, si précieux et si cher au début de la saison, son domicile devenait bientôt un charnier dans lequel s'amoncelaient, jusque sous le lit, des amas de chair putréfiées. C'est là ce qu'on appelle la fabrication de l'asticot en chambre.

Les jours de livraison, notre homme « se fait » des journées de vingt et vingt-cinq francs; et comme son métier présente, — il le reconnaît, — quelques inconvénients d'hygiène, comme aussi il a entendu dire que les spiritueux sont des antiseptiques efficaces, il combat, ces jours-là, vigoureusement, très vigoureusement les microbes.

Lorsque la soif de l'or, l'*auri sacra fames* du poète, le prend, il ajoute une autre branche à son industrie, car notre homme a plusieurs cordes à son arc.

Durant l'hiver, il élève des vers pour les rossignols. Il connaît l'affection que leurs propriétaires portent à ces exilés de nos bosquets et les soins qu'exigent les rares sujets qui résistent à la captivité. Il sait que les amateurs de rossignols sont habituelle- ment de vieilles femmes riches et des bourgeois qui ont des métiers tranquilles : des bouquinistes, des relieurs, des tailleurs à façon. Tous ces gens-là payent bien et comptant; il est la pro- vidence de leurs pensionnaires, qu'il faut en hiver alimenter de proie vivante.

Cette pitance nécessaire est l'asticot rouge. Mais, contraire- ment à l'autre fabrication, celle-ci est relativement propre, facile, et rapporte beaucoup. Il suffit de prendre de la recoupe (petit son), qu'on mêle avec de la farine et des débris de bouchons; on laisse le mélange fermenter dans de vieux bas de laine, et les asticots rouges naissent tout seuls. Pendant les périodes de froid, alors que l'éclosion exige plus de soins et se trouve restreinte, ce n'est plus à la mesure, c'est au nombre que notre homme débite sa marchandise ; il la vend alors à raison de cin- quante centimes le cent de vers.

Il nous laissa bien aussi entrevoir qu'il se livrait parfois à l'élevage des fourmis, afin d'en récolter les œufs pour l'alimentation des jeunes faisans; mais le métier n'est plus lucratif. La science, qui envahit tout, a trouvé le moyen d'élever les faisandeaux sans leur prodiguer cette coûteuse nourriture; la plupart des industriels qui s'y livraient ont « liquidé ».

Comme industrie inattendue, celle de l'asticot nous a paru pleine de saveur. Ce que nous avons vu a suffi à notre passion du pittoresque, et nous n'avons pas poussé plus loin nos odorantes investigations.

LA

CHANSON EN PLEIN VENT

———

Il est soir, et nous sommes dans un des quartiers populeux de Paris. C'est l'heure où, la journée faite, débordent des immeubles trop bondés des essaims d'enfants, de petites ouvrières, d'hommes gagnant le plus proche *caboulot* pour y faire leur partie. A un croisement de rue, dans un enfoncement propice, un rassemblement s'est formé autour d'un trio installé avec une sorte d'éventaire maigrement éclairé. Un violon raclé avec énergie toujours, avec talent quelquefois, une guitare sur laquelle l'artiste plaque de vigoureux accords, — constamment les mêmes, — et, dominant le tout, une voix sinon belle, du moins forte encore, malgré les éraillures du petit verre, telle est la composition du *groupe*.

Un certain nombre d'assistants, parmi lesquels les femmes et les jeunes filles dominent, ont à la main une feuille de papier imprimé, qu'ils s'efforcent de lire à la lueur des becs de gaz.

Au moment où nous arrivons une voix s'élève, — c'est celle du chanteur, — et d'un ton d'encouragement énergique:

« Allons, le refrain, avec ensemble ! »

Le violon accentue l'air à exécuter, la guitare fait rage avec ses accords, et le chanteur entraîne l'assistance, qui reprend le refrain avec lui.

« Passons au second couplet ! Demandez les..., la dernière nouveauté, dix centimes, deux sous ! Qui est-ce qui en veut ? Dépêchez-vous, mademoiselle ; ne faisons pas attendre la société ! Tout le monde est servi ? Demandez le..., c'est la dernière nouveauté, le plus grand succès connu de l'Eldorado, chanté aux souverains russes, à la réception intime par Mme X..., des Ambassadeurs ! Demandez ! c'est dix centimes, deux sous ! Allons, mesdames et messieurs ! »

Souvent deux ou trois femmes, — les épouses des exécutants, — circulent au milieu de la foule, les mains chargées de la marchandise à débiter, et glapissent avec chaleur le boniment de leurs maris. Et il faut reconnaître que leur entrain a souvent raison des plus récalcitrants.

Toute cette mise en scène dure un certain temps, jusqu'au moment où, sentant l'impatience de ceux auxquels il a eu la bonne fortune de caser « son papier » et qui veulent avoir « la chanson », l'artiste se décide enfin à entamer le deuxième couplet.

Les plus habiles, parmi les auditeurs, se risquent à suivre les paroles en fredonnant l'air à mi-voix ; la masse se réserve pour le refrain, qui éclate comme une fanfare ; les plus timides attendent pour risquer leurs deux sous que la chanson soit plus avancée.

Quand la chanson en vogue est finie, on en aborde une autre pour varier, puis on reprend le morceau du jour ; et cela dure tant que le public veut bien donner, ce qui dépend de la douceur du temps, du plus ou moins d'éloignement du jour de paye, de l'entrain public, d'une foule de causes infimes.

Et c'est ainsi que les refrains populaires se répandent presque comme un coup de foudre, du jour au lendemain, dans les ateliers, surtout dans les ateliers de femmes. Soyons encore heureux quand ils ne contiennent que des inepties!

Quoi qu'il en soit, ce sont des industriels spéciaux, formant sinon une corporation, du moins une classe à part dans le grouillement parisien, qui se chargent d'ouvrir ainsi l'âme du peuple au sentiment du grand art.

Et qu'on ne s'y trompe pas : ils sont très désirés, très aimés; ils apportent aux quartiers populeux un appréciable contingent de satisfaction.

A ce titre, ils méritent un coup d'œil et une description.

Peu nombreux, — peut-être pas deux cents, — les chanteurs en plein vent sont essentiellement Parisiens. Ce sont des enfants du pavé de la grande ville. En tous cas, la plupart sont des déclassés. On rencontre parmi eux des fils de famille ayant mal tourné, et qui utilisent, pour gagner leur vie, les reliefs d'une éducation soignée. Les « artistes » méconnus, ceux surtout qui ont eu la déception de ne pouvoir émerger des chœurs de théâtre de second ou même de troisième ordre, se consolent de leurs déboires en exécutant les *soli*. Ce sont les premiers sujets du *groupe*.

Car l'organisation est telle, qu'à part peu d'exceptions les chanteurs se réunissent toujours par groupes comprenant chacun un violoniste, un guitariste et un chanteur. Souvent le groupe est renforcé par deux ou trois femmes généralement douées de voix perçantes, qui font pénétrer l'air à populariser dans les oreilles les plus réfractaires.

Là comme ailleurs il y a les irréguliers, dont les autres se plaignent et qui sont traités par eux avec mépris. Ce sont des *mendiants,* qui « écrèment » isolément les bonnes places, se permettent quelquefois de chanter en s'accompagnant eux-mêmes d'un violon ou d'une guitare, et ne laissent ainsi plus rien « à frire » aux camarades.

Comme pour les rossignols et les oiseaux des bois, la saison des chanteurs commence avec les premiers beaux jours et finit avec eux. Si le temps est pluvieux et maussade, c'est la misère qu'ils recueillent; car les chanteurs en plein vent n'ont point d'autre occupation. Durant la mauvaise saison et pendant les périodes ingrates de l'été, ils essayent de combattre la malechance en parcourant, l'hiver surtout, les établissements où s'entassent de nombreux buveurs. La casquette à la main, ils demandent humblement au *mastroquet,* qui trône à son comptoir, la permission de « jouer un petit air ». Elle leur est souvent refusée, sous prétexte d'encombrement. Mais, accueilli ou repoussé, le chanteur n'en fait pas moins maigre recette; les buveurs ne sont généralement pas généreux. Pourtant les pauvres diables s'évertuent à varier leur programme. Ce ne sont plus, comme sur le trottoir, les nouveautés du jour qu'ils déversent dans l'oreille de l'auditoire, ce sont les morceaux populaires parmi le répertoire classique. Ils écorchent volontiers quelques passages du *Caïd,* de la *Favorite,* du *Trouvère,* de *Martha,* voire du *Prophète* ou de *Faust;* le tout entremêlé parfois de la grivoiserie du moment et d'une bouffonnerie bien ressassée.

Quand le ciel leur est clément, les heures les plus propices sont celles de la sortie des ateliers, le soir et au moment du déjeuner: le matin, entre onze heures et onze heures et demie; le soir, de six à dix. Les quartiers les plus productifs sont nécessairement les centres ouvriers.

Cependant, malgré leur tenue inoffensive, les chanteurs

n'exercent pas toujours tranquillement leur industrie, car ils ne sont pas « autorisés » par la préfecture, ils ne sont que tolérés. Suivant la mansuétude des agents, ils peuvent opérer avec plus ou moins de sécurité. C'est pourquoi, dans les quartiers où la recette est bonne, mais où les sergents de ville se montrent intolérants, les chanteurs ont autour d'eux des guetteurs qui les mettent sur leurs gardes. Un cri convenu se fait entendre, et la chanson s'arrête subitement, l'installation disparaît comme par enchantement.

La raison de cette rigueur est que, bien inconsciemment, les chanteurs ont été d'actifs agents boulangistes; ce sont eux qui ont fait si populaires les *Pioupious d'Auvergne, Il reviendra le P'tit Ernest,* et autres balançoires de la période boulangiste. Pour les punir, la préfecture leur a retiré la médaille ; elle se contente de les autoriser comme forains, ce qui ne leur donne nullement le droit de stationner sur la voie publique en dehors des fêtes publiques. De là cette lutte d'adresse entre les pauvres diables, qui essayent de gagner avantageusement leur vie, et les agents de police, qui montrent le degré de sévérité qu'exige d'eux chaque chef de brigade, suivant son tempérament.

Toutefois, à certaines époques de l'année, à Noël principalement et les jours de réjouissances publiques, la surveillance se relâche; on tolère partout les chanteurs en plein vent; ils s'installent volontiers autour des cafés où afflue le public, et des hauts quartiers ils descendent jusque sur les boulevards.

Ce métier, si simple en apparence, exige encore du savoir-faire. Il faut bien choisir les morceaux à lancer, et il faut savoir « amorcer » le public.

Pour les morceaux, il existe sinon une association, du moins une entente entre les chanteurs et les éditeurs spéciaux de cette

musique populaire. Les événements importants, cela se comprend, amènent des chansons de circonstance : l'assassinat du

Chanteurs de cours.

président Carnot, la visite des souverains russes, l'alliance des
deux nations, voilà des circonstances où les éditeurs et les
chanteurs sont assurés du succès des chansons écloses à cette
occasion. On peut compter alors sur une vente de cent cinquante

à deux cent mille exemplaires, en comprenant la province, qui d'habitude emboîte rapidement le pas derrière Paris.

En dehors de ces cas, les productions populaires subissent les mêmes chances de chute ou d'insuccès que les œuvres littéraires sérieuses; mais, quand elles réussissent, certaines d'entre elles valent une petite ferme en Normandie et rapportent plus que des ouvrages d'académiciens.

En général, les chansons qui ont le plus de vogue sont celles qui, selon l'expression des professionnels, « plaisent à la fillette, » c'est-à-dire des romances tendres et bêtement sentimentales, où le cœur tient le plus grand rôle.

C'est ainsi que, parmi les plus gros succès de ce genre, on compte : l'*Aubade à la lune*, *Carmen* (pas celle de Bizet), le *Vin d'amour*, le *Portrait de Mireille*, *Quand nous avions vingt ans*, *Violetta*, etc. etc.

Dans un autre genre, il faut rappeler les inepties comme le *Baptême du p'tit ébéniste*, le *Pied qui r'mue*, les *Commis voyageurs*, la *Valse des bas noirs* et autres poésies analogues.

Tout cela d'ailleurs prend généralement son origine dans les cafés-concerts, qui sont, paraît-il, pour nos contemporains, la source vive où ils vont étancher leur soif d'idéal.

Quand, déjà connue ou non, « l'œuvre » est mise en vente, les chanteurs se rendent chez l'éditeur, qui leur cède la marchandise, — paroles et musique, — à deux francs le cent. S'il s'agit de lancer une nouveauté non encore consacrée par le public d'élite qui se prélasse dans les « beuglants » à la mode, l'éditeur donne gratuitement à chaque chanteur quelques exemplaires à titre d'encouragement. Achetés ou donnés, les morceaux offerts aux amateurs sont toujours vendus dix centimes, ce qui laisse un joli bénéfice. Mais ce bénéfice est fort irrégulier, et il doit être partagé entre tous les membres du groupe, en sorte que la journée du chanteur dépasse rarement trois ou quatre francs.

Suivant l'art avec lequel un groupe sait « amorcer », le gain varie également. Ordinairement, avant de faire l'achat, le meilleur musicien de la troupe, — c'est presque toujours le violoniste, — regarde si la chanson peut convenir à la clientèle ; il l'essaye avec le guitariste dans le fond de la boutique d'un des marchands de vin où ils tiennent leurs assises ; le guitariste plaque quelques accords, et le chanteur fredonne la chose. Si cela marche, — du moins s'ils espèrent que cela marchera, — ils partent tous les trois chez l'éditeur et achètent deux ou trois cents exemplaires, puis reviennent l'apprendre et la font répéter à leurs femmes. Parfois, du coup, au pied levé, ils « vont sur le tas » et commencent à faire la « postiche », mot caractéristique dépeignant la facilité avec laquelle ils se placent ou se retirent, suivant l'accueil du public ou la surveillance des sergents de ville.

Habituellement ils rassemblent l'auditoire en jouant quelque valse ou quelque morceau de musique entraînante ; quand le cercle leur semble suffisamment compact, ils jouent l'air de la chanson ; enfin le chanteur donne le premier couplet et le refrain. Là on s'arrête et on vend..., si l'on peut ; car le difficile est de trouver le premier acheteur. Pour le faire se déclarer, les malins ont des compères qui « aguichent » l'auditoire par leur exemple. Lorsqu'un individu se décide, les autres, moutons de Panurge, suivent assez facilement. Et voilà comment, en quelques séances, dans une même soirée, les chanteurs parviennent à « écouler leur papier ».

Quand la « tournée » est faite et même pendant que les

femmes poussent à la vente, — ceci est affaire de tact, — on fait reprendre le refrain aux assistants, qui le chantonnent en chœur et qu'on fait répéter plusieurs fois. On procède ensuite à l'audition des couplets suivants.

A dix heures et demie au plus tard, les refrains se taisent ; la foule s'est dispersée, regagnant le logis, car il faut commencer la journée de bonne heure. Alors les artistes réintègrent violon et guitare dans leur housse de percaline ét s'acheminent à leur tour vers le pauvre galetas où s'abrite leur misérable fortune.

Dans tout ceci il ne s'agit, bien entendu, que des professionnels. Si l'on veut étudier les diverses catégories des chanteurs de rues, il faut surtout retenir ceux pour qui la chanson en plein vent n'est qu'un moyen de mendicité. Ce sont des professionnels aussi, mais d'un genre particulier, contre lesquels il est utile de mettre le public en garde.

Pour les connaître à fond, il suffit de les suivre de près. Suivant le conseil de M. Paulian, dans son livre sur *Paris mendiant*, installez-vous à la fenêtre de diverses maisons dans les cours desquelles les concierges, ou trop faibles ou complices, les laissent pénétrer pour exercer.

Vous constaterez tout d'abord que le répertoire est toujours le même, et qu'il se compose de cinq à six chansons au plus. Les sujets débordent tous de sentimentalité, de lyrisme et de pathétique. Le plus connu de ces morceaux est *Lise aux lèvres roses*, qui se chante sur l'air de la *France abandonnée*.

Vous constaterez encore que la manière d'exécuter le morceau est la même pour tous. Que le mendiant soit jeune ou vieux, que ce soit un homme ou une femme, le ton et le procédé sont les mêmes. L'« artiste » chante trois couplets, pas un de plus, pas un de moins. S'il ne reçoit rien, s'il ne voit aucune fenêtre

s'entr'ouvrir, il s'en va. Si les sous tombent dans la cour, même
en nombre restreint, il ajoute un quatrième couplet. Pour tel
couplet la voix est chevrotante, pour tel autre l'intonation
change; elle est, suivant les paroles, tendre ou tragique. Mais

Un rassemblement s'est formé autour des chanteurs.

tous, sans exception, dénotent une empreinte uniforme; on
reconnaît qu'ils sortent de la même école, qu'ils ont été formés
par le même professeur.

Pour peu qu'on ait la curiosité de se procurer le texte même
des chansons du mendiant, il suffira de s'entendre avec les
concierges des immeubles où nos chanteurs sont accrédités.
Quand ils se retirent pour aller un peu plus loin recommencer

leurs roucoulements hypocrites, votre mandataire n'a qu'à leur offrir une pièce blanche en échange du texte de leurs chansons. Le marché est rarement repoussé.

Si vous avez réuni ainsi un certain nombre d'exemplaires de ce répertoire, vous verrez d'abord qu'il est manuscrit et que les exemplaires sont presque toujours sortis de la même plume. Si, poussant l'étude jusqu'au bout, vous comparez ces exemplaires entre eux, vous retrouverez dans tous les mêmes imperfections d'écriture et jusqu'aux fautes d'orthographe scrupuleusement reproduites.

Ainsi, dans la chanson de *Lise aux lèvres roses*, on a pu relever jusqu'à neuf fautes d'orthographe ponctuellement répétées sur toutes les copies du premier couplet, dont voici les paroles :

> **Dans une douce rêverie**
> **Où s'égarait mon pauvre cœur,**
> **Je voyais l'image chérie**
> **De celle qui fut mon bonheur.**
>
> **Je voyais Lise aux lèvres roses**
> **Me revenant par un beau soir,**
> **En me disant de douces choses**
> **Qui rendaient mon cœur plein d'espoir.**

Et, si vous appliquez ce moyen d'investigation à plusieurs de ces morceaux, vous recueillerez des résultats complètement identiques. C'est la preuve manifeste que toutes ces chansons sortent de la même officine.

Interrogez ensuite ces chanteurs; tous vous feront des réponses semblables ou à peu près.

S'agit-il d'une femme? si l'on lui demande :

« Pourquoi chantez-vous au lieu de travailler?

— Parce que j'ai perdu mon mari et que j'ai des enfants à nourrir.

—Fort bien ; mais qui vous a enseigné *Lise aux lèvres roses?*

— C'est une chanson que je savais. »

Qu'on en interroge dix, qu'on en interroge cinquante, on a toutes chances de recevoir les mêmes réponses. Aucune de ces femmes n'avouera qu'elle n'est généralement ni veuve ni mère de famille chargée d'enfants, qu'elle est surtout ennemie du travail. Elle se gardera tout autant de dire où elle a appris les paroles et la musique de sa romance. Aucune ne voudra donner l'adresse de l'usine où se fabrique le genre de mendiants auquel elle appartient.

Pourtant cette usine existe ; elle fonctionne dans les cabarets entourant les Halles. C'est là que, moyennant un franc, un professeur donne ses leçons et se charge d'apprendre à ses élèves, en cinq séances, les paroles, la musique et la voix chevrotante qui, plus que tout le reste, fera pleuvoir les sous sur le pavé de la cour.

Que si l'on nous taxe d'exagération, il nous suffira de renvoyer les incrédules se renseigner dans certain bureau de la préfecture de police et au dépôt du petit parquet. Ils recevront des agents qui coudoient le monde des faux pauvres des renseignements tellement incroyables, qu'ils seront dorénavant enclins comme nous l'avons été longtemps, — nous le confessons humblement, — à ne plus voir dans tout mendiant qu'un indigne exploiteur de la pitié du public.

Cela est malheureusement trop souvent exact ; mais il ne manque pas, hélas! de pauvres véritables et dignes au secours desquels on peut venir avec la certitude de faire une aumône utile pour le secouru et profitable au donateur.

LES

ARTISTES EN VICTUAILLES

———

Lorsque, chaudement installé dans une salle à manger bien close, devant une table soigneusement servie, vous savourez les mets délicats placés sur votre assiette, avez-vous jamais essayé de vous rendre compte de la façon dont ce filet appétissant, cette poularde fondante, cette délicate cervelle de mouton étaient venues jusqu'à vous? Assurément non; et nous ne songeons pas à le reprocher à quiconque. Jusqu'au jour où nos pérégrinations dans le Paris inconnu des Parisiens nous eurent dévoilé une quantité de métiers insoupçonnés, nous imaginions comme tout le monde que, pour être approvisionné de vivres à son goût, il suffisait de munir sa cuisinière d'une somme suffisante et de s'adresser au premier fournisseur venu. Pratiquement, c'est exact, parce que Paris est le centre où viennent converger tous les produits du monde; théoriquement, c'est autre chose.

Ceci demande une courte explication. Tous ceux qui ont beaucoup voyagé ou qui ont habité la province savent quelle différence il convient d'établir entre les denrées alimentaires

Le marché de la Villette.

consommées au dehors et celles qu'on trouve à Paris. Par égard pour les habitants de nos départements, qui vont peut-être se cabrer comme s'ils entendaient proférer un blasphème, nous voulons bien faire exception pour les produits de leurs jardins et de leurs potagers, auxquels on ne peut enlever le bénéfice de la fraîcheur. Mais on peut ériger en principe que les provinciaux mêmes qui ont à s'approvisionner au dehors ne peuvent trouver, sur leurs marchés et chez leurs fournisseurs, des denrées aussi choisies, aussi parfaites qu'à Paris. N'entendant parler ici que des mets recherchés, de ceux qui valent autant par leur préparation que par leurs qualités naturelles, nous ne songeons pas un instant à nier que le commerce d'alimentation à Paris met trop souvent en circulation des produits avariés et frelatés qui, en raison du grand nombre des habitants, trouvent toujours leur écoulement.

Mais qu'il s'agisse de fruits, de viandes, de légumes, de gibier, de marée, on peut être assuré qu'aucune localité au monde ne présente un assortiment comparable à celui de la capitale; ce qui justifie cet axiome créé par un gourmet célèbre : On ne mange bien qu'à Paris.

En effet, la viande de la meilleure qualité est bien plus appréciable quand elle est présentée débitée convenablement, ce qui est un talent habituellement inconnu en province. Combien de localités nous offriront des fruits aussi splendides, aussi parfaits, aussi veloutés que ceux des étalages parisiens? Trouverez-vous ailleurs un pareil assortiment et une telle abondance de gibier? Chacun sait que si une pièce rare est tuée, elle est aussitôt dirigée sur Paris par le chasseur désireux d'en tirer profit, qu'il s'agisse de l'ours des Alpes, de l'isard des Pyrénées, du coq de bruyère des Vosges, de l'élan du Canada, ou de toute autre exception. Il en est de même pour les belles captures des pêcheurs de mer ou d'eau douce. C'est à ce point que, pour toute localité maritime voulant se procurer à jour fixe un poisson déterminé, le seul moyen de se l'assurer est de le faire venir de Paris. Nous en dirons autant pour les légumes que tout possesseur de jardin s'imagine produire parfaits; pourtant ils ne peuvent lutter avec ceux que fournit l'industrie maraîchère de Paris, la première du monde.

Tous ces produits, toutes ces denrées ne prennent leur valeur entière que soumis à une préparation, à un travail préliminaire destiné à faire valoir leurs qualités naturelles. C'est ce travail caché que nous voulons révéler, du moins en partie, à cause des métiers spéciaux auxquels il a donné naissance.

Qui a parcouru la cité populeuse pleine de bruit et de mouvement, — le marché aux bestiaux de la Villette, — où se préparent les repas de Paris, celui-là éprouve la sensation inoubliable d'un paysage étrange et imprévu. Qu'il parcoure les immenses halles où beuglent des milliers de bœufs, les abris sous lesquels les veaux et les porcs poussent des cris gutturaux d'une cacophonie pitoyable, les parcs interminables où s'entassent les troupeaux de moutons qui bêlent lamentablement, il aura sous les yeux un spectacle frappant.

Le marché n'est, en réalité, que l'énorme vestibule des abattoirs, la tuerie centrale de Paris, où s'opère la première préparation des victuailles dont la capitale a besoin. La Villette est le chef-lieu, la terre classique de la boucherie, la métropole du bifteck, du gigot et du fricandeau.

Mais, avant d'être conduits au sacrifice, les animaux qui y sont amenés reçoivent une dernière hospitalité dont la durée varie avec l'espèce du bétail.

Les veaux sont ceux qui y séjournent le plus. Leur jeune âge les rend très sensibles aux fatigues du transport en wagon, et il leur faut quelques jours de repos. Leur régime alimentaire, base de leur valeur comestible, ne comporte ni changements ni arrêts ; ce sont des nourrissons exigeants, qu'on ne doit pas laisser souffrir.

Dès leur arrivée ils sont confiés à des nourrices vigilantes, solides gaillards avec barbe au menton, qui prennent là-bas le nom d'*abreuveurs*. Du matin jusqu'au soir et même durant la nuit ils circulent parmi les rangs pressés des veaux, tenant à la main des bouteilles et des biberons remplis d'eau tiède blanchie par des farines, et en introduisent généreusement le contenu dans le gosier de leurs pensionnaires éplorés.

Tous ces sujets venus de la Brie, de la Beauce, du Gâtinais, de la Champagne et de la Normandie, n'ont de commun que deux choses : leur fin sous le couteau du boucher et le régime alimentaire qu'on leur a fait suivre pour les y préparer.

La principale préoccupation de l'éleveur de veaux est de présenter des animaux venus à point sans avoir goûté à une touffe d'herbe.

Chacun a pu remarquer, en parcourant la campagne, des veaux déjà forts dont le museau est enfermé dans une petite corbeille d'osier. On croit généralement que c'est dans le seul but de les empêcher de téter leur mère. Ce n'est là qu'un des motifs de la mesure ; le principal est de les empêcher de brouter l'herbe des prés où ils passent une partie de leur courte existence.

Pour obtenir cette viande blanche et fine, si appréciée du consommateur, le veau ne doit pas avoir mangé. Il doit avoir été élevé uniquement au lait. Mais les éleveurs, qui savent ordinairement fort bien calculer, ont considéré que le lait est un produit dont ils peuvent tirer un bon prix et qu'il y aurait bénéfice à le faire boire aux gens des villes plutôt qu'à leurs veaux. Ils ont, en conséquence, adopté l'usage de ne laisser la mère au jeune veau que le temps strictement nécessaire pour habituer son estomac à se passer du lait maternel. Ils ont trouvé qu'une nourriture artificielle laissait au producteur un profit plus élevé, tout en fournissant un sujet sain et bien portant.

A cet effet, on substitue progressivement à l'allaitement naturel un allaitement artificiel au moyen d'un breuvage composé de lait, mélangé de farine et d'œufs, où le lait est peu à peu remplacé par de l'eau et une plus forte proportion de farine.

Chez bon nombre d'éleveurs, ce régime est complété en tenant les jeunes veaux constamment enfermés dans un local où ne pénètre que peu de lumière. Cette méthode fournit des animaux à chair blanche, hautement appréciés dans le commerce de la boucherie. Toutefois nous devons ajouter qu'on doit user modérément d'une telle viande; elle n'est si blanche, que parce que le sujet est poussé et entretenu dans un état de lymphatisme excessif, qui confine presque à la maladie. L'œil et le goût peuvent s'accommoder d'un tel mets, l'estomac protesterait bien vite si l'on en usait trop largement. Ainsi s'explique l'aversion de certains médecins hygiénistes pour l'usage de la viande de veau, qu'ils considèrent comme une viande indigeste.

Défectueux ou non au point de vue hygiénique, le régime que nous avons décrit, appliqué soigneusement, donne un élève de belle venue et laisse le lait de la mère libre pour la vente à l'état naturel ou sous forme de beurre et de fromage.

Les gens du marché de la Villette ont une telle habitude de ces choses, qu'ils en arrivent à préciser rien que par l'examen de la bête depuis combien de temps le sujet est séparé de sa mère. De même un coup d'œil leur suffit pour, à certaines époques de l'année, reconnaître les *broutards,* ou veaux que l'Auvergne envoie sur notre marché. Ce sont des animaux qui ont suivi leurs mères dans les pâturages de la montagne et qui, sevrés de bonne heure afin de pouvoir transformer le lait en *fourme* (fromage d'Auvergne), ont dû apprendre vite à manger l'herbe. Leur viande ne reste pas blanche comme celle des veaux de lait; elle est rouge, foncée en couleur, partant peu estimée.

Nous disions tout à l'heure qu'une certaine préparation était nécessaire pour assurer toute leur valeur aux mets savoureux dont se régalent les gourmets. Il suffirait, pour démontrer la vérité de cette affirmation, d'inviter quelqu'un de ces gourmets à visiter avec nous l'atelier où se préparent les cervelles de moutons, friandise fort appréciée à Paris.

Ce n'est plus à la Villette, c'est aux Halles centrales qu'il faut se transporter, dans le sous-sol du pavillon consacré à la triperie. Là se trouve l'atelier du *massacre,* local horrible à voir, où l'on ne marche qu'au milieu de mares de sang, où opèrent les *cabocheurs.*

Dans leur genre, ces gens sont des artistes, si l'on considère l'habileté avec laquelle ils accomplissent leur besogne. Ce sont des travailleurs de nuit, car les éléments de leur travail ne leur parviennent des abattoirs que le soir, et ils doivent, dès la première heure du jour, alimenter le marché de la triperie.

L'atelier est une grande pièce basse, violemment éclairée, où l'œil contemple un spectacle qui saisit d'épouvante.

Quatre ou cinq hommes, de solides gars hauts en couleurs, sont là debout près d'une immense table. Ils ont les manches de leur chemise relevées jusqu'aux épaules, et, chose horrible!

leurs bras sont rouges de sang. C'est à se croire transporté en pleine barbarie, dans une chambre où l'on ferait subir les dernières tortures.

Dans un coin sont amoncelées des têtes coupées dont les yeux voilés sont sans expression. Il reste encore quelques muscles sanguinolents sur les os, et, de temps en temps, une goutelette de sang va dans une rigole grossir une mare coagulée.

Rassurez-vous, les têtes coupées sont celles des moutons égorgés dans la journée aux abattoirs ; les yeux morts n'eurent pas, d'ailleurs, plus d'expression pendant la vie. Les hommes qui sont là ne sont point des buveurs de sang ; ce sont d'honnêtes « cabocheurs ». Leur besogne consiste tout simplement à recueillir ces « caboches », à en extraire la cervelle, — d'où le nom de « cabocheurs », — à extirper la langue des moutons en question, à faire deux incisions sur les têtes pour soulever la peau.

Les cervelles sont livrées au boucher et au tripier, les langues au tripier seul. La peau, dépouillée ou non de la laine, va, selon sa destination future, chez les corroyeurs ou les mégissiers.

On ne peut se faire une idée de la dextérité avec laquelle sont pratiquées ces trois opérations. Les têtes ne passent pas entre les mains des cabocheurs, elles voltigent. Ils sont là cinq ouvriers, et de minuit à quatre heures du matin ils ont travaillé quatre à cinq mille têtes de mouton ; c'est vertigineux.

Au moyen d'un couperet les cabocheurs brisent les têtes de mouton sur un billot, ce qui remplit l'endroit d'éclaboussures sanglantes et couvre le sol d'ignobles débris. Au fur et à mesure que les caboches ont été fendues, les ouvriers du *massacre* recueillent avec soin les cervelles retirées par ce procédé grossier. Un entrepreneur spécial emporte tous les jours ces mon-

Sous-sol du marché aux volailles aux halles de Paris.

ceaux sanguinolents, tandis que le produit utilisable, nettoyé, lavé à grande eau, d'une blancheur appétissante, méthodiquement aligné sur des corbillons, va faire l'ornement des étals de tripiers.

Veut-on voir des artistes analogues? Cela est facile; on les trouve à deux pas, sous le pavillon affecté à la vente de la volaille.

Ceux-là sont les *gaveurs*. Ils exercent un métier qui, assurément, n'a rien de fort élégant, mais qui est encore un de ceux auxquels les gastronomes doivent une partie de leurs jouissances.

En souvenir de l'ancienne *vallée de misère* où se tenait jadis le marché à la volaille, le pavillon qui l'a remplacée a reçu ce nom de *Vallée;* aussi les gens du métier ne disent-ils jamais qu'ils vont au marché à la volaille: ils vont à *la Vallée.*

C'est le point où aboutissent les innombrables paniers de volailles vivantes arrivant chaque matin de toutes les gares de chemins de fer. Les « forts » déchargeurs descendent au sous-sol les paniers sans la moindre précaution, laissant retomber de tout leur poids ces cages improvisées, comptant sur l'élasticité naturelle du contenu pour amortir les chocs.

La cave, où des milliers de bêtes attendent le sacrifice, est à la fois l'auberge et l'abattoir des volailles. On est attendri d'entendre le claironnement du coq, le gloussement des poulets, le roucoulement des pigeons en ce sous-sol funèbre où les pauvres bêtes passent le dernier jour d'un condamné.

Après un long voyage en chemin de fer, chapons et poulets, oies et canards, tomberaient d'inanition si leurs bourreaux ne craignaient d'amoindrir leur valeur en les laissant expirer sans un dernier réconfort. On les bourre de nourriture pour leur donner un meilleur aspect et prolonger leur existence jusqu'à l'heure fatale qui, pour certains, se fait attendre parfois plusieurs jours.

Le *gavage* est un des métiers de bouche (c'est le cas de le dire), où il faut déployer le plus de brio. Il est de ceux qui procurent les plus forts gains à ceux qui l'exercent.

Comme les cabocheurs, les gaveurs sont au plus une demi-douzaine. Ce sont les nourrices de la volaille vivante et principalement des pigeons en bas âge.

Chacun d'eux opère au milieu d'un amoncellement formidable de paniers à claire-voie remplis de bêtes emplumées auxquelles ils distribuent la nourriture nécessaire. Un baquet plat, monté sur un trépied à hauteur de son buste, est placé devant lui et rempli de grain gonflé par un séjour de quelques heures dans l'eau tiède. Le gaveur y plonge soudain la tête et la relève après une puissante aspiration qui lui a rempli la bouche de graines et d'eau. Il étend la main vers sa gauche et reçoit d'un aide une à une les volailles extraites d'un panier ; les prenant par la tête, le corps pendant, il leur ouvre de force le bec et y insuffle une gorgée de graines et d'eau, — le solide et le liquide sont ensemble, — en quantité suffisante pour remplir d'un seul coup le jabot de l'oiseau. D'un mouvement brusque l'animal est rejeté au fond de son panier, tout pantelant et ahuri par cet ouragan de nourriture ; avant qu'il ait pu se ressaisir, le couvercle s'est abattu sur lui, et le panier a repris place sur une pile de ses semblables.

Pendant des heures entières l'homme opère comme un automate, les yeux injectés, le teint empourpré, passant des volailles aux pigeonneaux, à qui ce traitement procure un embonpoint fictif et passager. Rien ne le distrait, ne le détourne de sa besogne, car il est payé aux pièces : pour gaver cent poulets, tant ; pour cent pigeons, tant. Le talent consiste à mesurer exactement le coup de pompe donné par les poumons et à tenir dans la bouche le plus de rations possible.

Le métier est avantageux, avons-nous dit ; par contre, il est mortel. Ceux qui s'y adonnent ont l'appareil respiratoire presque constamment sous la menace des congestions, par suite des efforts incessants des poumons ; ils fournissent un contingent considérable à la phtisie et à la consomption.

Ce sacrifice d'hommes est, paraît-il, nécessaire pour obtenir les pigeonneaux délicats qui figureront à la crapaudine ou en compote sur la table des gourmets avant d'avoir pu manger tout seuls.

Alors que les gaveurs sont destinés à l'hôpital, leurs voisins, les *mireurs-compteurs,* ont un air qui respire la santé ; ils éclatent d'embonpoint. Eux aussi comptent dans l'aristocratie de la mangeaille.

Installés dans des resserres obscures, perpétuellement assis comme des ronds-de-cuir d'administration, vivant au milieu des beurres qui rentrent également dans leurs attributions, respirant sans cesse les relents des denrées, très « portés sur leur bouche », ainsi que tout le personnel des Halles, ils ont vite fait d'acquérir une rotondité qui révèle de suite leurs fonctions aux yeux exercés.

Leur mission consiste à vérifier le contenu des caisses dans lesquelles on expédie les œufs et à en contrôler la qualité. Et il y en a quelque chose comme quatre cent trente millions, année moyenne, à examiner et à mesurer ! Ils regardent tous les œufs d'une manne en les plaçant devant la flamme d'une bougie pour reconnaître s'ils sont clairs et en parfait état. Tout en les mirant par six, tenus à la fois dans les mains, ils les comptent en les faisant passer de la manne de droite dans celle de gauche. Au moyen d'une bague ils déterminent la grosseur des œufs; les moyens passent par un anneau de quatre centimètres de diamètre, les petits par un anneau de trente-huit millimètres.

Les compteurs-mireurs acquièrent à ce travail une dextérité de prestidigitateurs. Soit influence du lieu, soit application à leur travail, ils gardent un silence complet. Ce silence, la senteur de moisi qui règne dans les resserres, l'ombre à peine percée par la lueur des bougies, leurs silhouettes à peine agitées d'un léger mouvement, tout cela contribue à donner un aspect lugubre au lieu où s'opère le mirage des œufs.

Les œufs complètement gâtés sont détruits; sur les quatre cent trente millions qui leur passent entre les mains, sept à huit cent mille sont saisis comme avariés. Bien que la proportion en soit peu élevée, cela ne laisse pas que de faire un joli chiffre.

Il en est d'autres qui, sans être complètement gâtés, sont néanmoins impropres à la consommation parce qu'ils sont tachés. Ces produits imparfaits sont loin d'être perdus; ils ont divers emplois bien définis: les boulangers les utilisent pour le vernissage des pains de fantaisie; les pâtissiers qui fabriquent les gâteaux vulgaires comme ceux qu'on débite dans les fêtes foraines, donnent à leurs produits des reflets dorés, engageants, au moyen de l'albumine de ces œufs douteux. Enfin, les doreurs sur bois et sur cuir se les disputent pour la préparation de leurs travaux et faciliter la fixation de l'or employé par eux.

Si nous voulions parcourir les nombreuses arcanes de ce monde spécial des Halles, nous y rencontrerions presque à chaque pas des sujets d'étonnement, les points d'interrogation se suivraient sans un instant de trêve, les bizarreries les plus imprévues se présenteraient au regard. De toute cette fantasma-

La chasse aux escargots en Bourgogne.

gorie offerte par des métiers absolument imprévus nous ne voulons retenir, pour clore cette courte étude, que les fabricants d'escargots et les sculpteurs de saindoux.

Eh oui ! des fabricants d'escargots. C'est même une des plus faciles industries de la fraude alimentaire. Il faut croire qu'elle s'exerce dans des proportions importantes à propos de ce modeste mollusque, puisqu'on estime que les inspecteurs experts du laboratoire municipal, ces douaniers du commerce d'alimentation, condamnent chaque année près de deux cent mille escargots à être aspergés de chlorure de zinc comme étant impropres à la consommation.

Il ne faut assurément point chicaner les gens sur leurs goûts gastronomiques, mais on ne peut manquer de remarquer combien sont nombreux dans Paris les débitants d'escargots cuits. C'est une friandise chère à nombre de Parisiens, et dont les marchands de vin, principalement, se font les dépositaires.

Les mollusques dévastateurs de vignes ont beau arriver par sacs énormes, presque toujours leur nombre est insuffisant pour la gourmandise des amateurs. En vain tous les pays vignobles, la Bourgogne et surtout la Savoie, leur font une chasse acharnée, ils se multiplient avec une abondance désolante. Aux époques favorables de l'année, des industriels spéciaux parcourent les villages de ces régions et achètent tout ce que les femmes et les enfants ont pu récolter. On les voit brasser par hectolitres entiers leur gluante marchandise, qu'ils payent des prix différents selon que l'escargot est *coureur* ou *bouché*.

Le coureur vaut moins cher. Il faut en prendre soin, le faire jeûner, l'amener par un régime spécial à pratiquer l'occlusion de sa coquille. A cet effet, le gibier est enfermé dans une cave obscure et saine, où il séjourne à peu près deux mois. Pour l'empêcher de fuir, on lui fait des clôtures avec de petits talus de son ou de sciure qu'il ne peut franchir. L'abstinence et le froid font dégorger l'animal ; à mesure que, rendant son mucilage, il se retire au fond de sa coquille, l'action de l'air solidifie sa bave gluante et produit cette petite cloison résistante derrière laquelle l'animal s'abrite du froid.

Dans cet état, il est bouché; il est au point recherché des amateurs. C'est le moment choisi pour le lancer dans la consommation. Les vrais amateurs achètent des escargots coureurs et les tiennent en prison jusqu'au jour où ils présentent les signes d'un gibier bien à son point. Mais la plupart des consommateurs, ne voulant et ne pouvant pas s'assujettir aux manipula-

Des industriels spéciaux parcourent les villages de ces régions et achètent tout ce que les femmes et les enfants ont pu récolter.

tions nécessaires, achètent purement et simplement des escargots prêts à être consommés.

C'est ici qu'intervient le fabricant, dont le rôle principal consiste à suppléer à l'insuffisance des escargots importés.

Tout le monde sait que l'escargot offert à la consommation se présente sous l'aspect d'une coquille de colimaçon bourrée d'une farce spéciale, dont la chair du mollusque est censément l'unique élément.

Nous disons censément, parce qu'en réalité il n'en est rien. Là où devrait ne se rencontrer que le corps de l'animal, se rencontrent surtout des éléments variés, savoureux, épicés, mais économiques, occupant dans la coquille la place principale, et qui permettent de préparer deux coquilles avec un seul escargot.

Cependant, dira-t-on, chaque coquille contient de l'escargot, et l'on ne vend d'escargots que contenus dans une coquille; comment peut-on disposer d'assez de coquilles pour suffire à cette pléthore de sujets?

Ce problème qui embarrasserait des gens simples, vulgairement honnêtes, a été résolu avec une désinvolture supérieure par les négociants en mollusques. Ils se contentent de racheter chez les marchands de vin les coquilles des escargots qui ont été consommés. A ce contingent encore insuffisant, ils ajoutent celles que les chiffonniers recueillent sur les tas d'ordures provenant des maisons où l'on a mangé des escargots. Ces coquilles d'occasion subissent un bain de lessive bouillante, afin de les purifier et de les remettre à neuf. Une fois sèches, elles rentrent dans la circulation et reparaissent triomphalement sur les mêmes tables, garnies à nouveau d'une farce savamment combinée dans le but de pousser à la consommation des liquides.

Et elles accomplissent ainsi un cycle incessant jusqu'au moment où, ébréchées, portant la marque des nombreux assauts soutenus, elles sont jugées invalides et jetées définitivement dans la voiture des boueux.

Si, après ces explications, votre goût pour de pareilles friandises résiste encore, il sera permis du moins de ne plus le partager.

Quant aux sculpteurs de saindoux, ce n'est point par le palais qu'ils comptent conquérir le public, c'est par la vue. Leur *Salon* ouvre à l'époque des jours gras.

A ce moment, le Paris des bouchers et des charcutiers est tout voué au culte de la graisse. Des fleurettes de papier rouge enguirlandent les culottes de bœuf pendues à l'étal, parées de linge fin. Les gigots portent des cols Médicis délicatement ajourés. Les quartiers de lard, — or et blanc, — reposent sur des trophées de laurier.

Pendant que les bouchers lavent à grande eau leurs tables de marbre pour faire valoir les roseurs de la chair « qui se porte bien », les charcutiers exhibent derrière leurs vitrines des blocs de saindoux sculptés au grattoir par quelque premier garçon, qui « a des goûts d'artiste ».

Les passants s'arrêtent devant les œuvres, exécutées à la manière des primitifs, — mais en lignes plus grasses, — qui représentent le buste du patron ou la lourde masse d'un cochon de lait orné de défenses de sanglier et de deux boutons de bottines en guise d'yeux noirs. Les voisins viennent féliciter le sculpteur, qui, les manches retroussées et le cœur épanoui par les éloges, raconte comment il a fait ça. Ce n'est pas difficile ! C'est la seconde fois qu'il manie la glaise, non, le saindoux. Et puis ce n'est pas creux comme les machines exposées au Salon ; ça pèse cinquante kilos et deux cents grammes !

Sans doute, de vulgaires charcutiers exposent des morceaux plus soignés, plus léchés ; mais ils n'ont aucun mérite. Ils ne font que couler du saindoux dans des moules de plâtre préparés par un fabricant spécial. Pour cent cinquante francs, on leur livre dix-huit pièces : chevaux, piqueurs, chiens, cerfs et gentlemen, qui, lâchés sur une piste de suif, dans un décor d'arbres en stéarine, figureront une grande chasse à courre. Pour vingt-cinq francs, ils peuvent se payer un bœuf furieux, embêté par un toréador. Les bouquets de fleurs d'oranger qu'ils plantent au faîte des pâtés de venaison ont fleuri en un moule qui ne coûte pas dix francs.

Lui, charcutier-artiste, n'obéit qu'à son inspiration. Il prépare son « marbre », puis le travaille sans études préalables, sans esquisse, sans ébauche.

Pour faire son « marbre », il prend du saindoux, — très peu, car cela coûte cher, — beaucoup de suif de mouton, de la stéarine, de la cire vierge, de l'essence de térébenthine et du blanc de baleine. Grâce à l'essence de térébenthine, le bloc de suif se laisse malaxer tout en restant ferme, puisqu'il contient de la stéarine et de la cire vierge. Le blanc de baleine, lui, donnera à l'œuvre un luisant et un moelleux qui feront croire à la clientèle que le cochon exposé est en pur saindoux, que le buste du patron est comestible.

Le sculpteur de saindoux triomphe jusqu'à mi-carême. Il voit en songe des personnages officiels qui viennent lui demander de faire leur buste. Puis les blocs de suif s'affaissent, deviennent encombrants, agacent la patronne, et les œuvres, les belles œuvres disparaissent en de vils moules à chandelles, et la gloire s'en va avec la fumée.

Pas toujours cependant; car, de même que

Tout prince veut avoir des pages,

le plus modeste débitant de rondelles de saucissons veut avoir son chef-d'œuvre à ce moment solennel de l'année. Il s'impose, dans ce but, de réels sacrifices; et, dame! il entend amortir ses

Les charcutiers exhibent derrière leurs vitrines des blocs de saindoux sculptés au grattoir.

avances. Aussi ne faut-il pas trop s'étonner de rencontrer pendant quelques semaines, dans les produits qu'il débite, certains relents dont l'origine ne s'explique guère.

Pour atténuer les frais généraux, on a simplement *infiltré* dans la circulation la matière première du chef-d'œuvre.

Moralité : Méfiez-vous de certaines charcuteries au lendemain des jours gras.

BAGOTIERS ET MÉGOTIERS

C'était aux abords du Palais-Bourbon. Deux messieurs causaient, arrêtés à l'angle des rues de Bourgogne et de l'Université. A ce moment, un fiacre chargé de malles s'engageait dans la direction de l'esplanade des Invalides ; en même temps on apercevait derrière un pauvre diable, maigre, presque déguenillé, qui courait nu-tête, les coudes au corps, serrant de près la voiture.

En le voyant ainsi tout haletant, un des causeurs, pris de pitié, ne put s'empêcher de dire à son interlocuteur :

« Quand on songe que ce malheureux vient en courant, peut-être depuis la gare de Lyon, dans l'espérance de gagner un pièce de vingt sous ! Est-ce que cela n'est point navrant ? »

Comme il parlait encore, le coureur quittait l'abri de la voiture et s'engouffrait du même pas dans la cour d'honneur du Palais-Bourbon.

« Mais nous nous trompons ! s'écria l'autre en éclatant de rire. C'est tout simplement notre collègue F... ! Nouveau parmi nous, vous ne le connaissez pas encore ; mais vous ne tarderez pas à relever une série d'originalités qui lui sont propres. Outre

sa tenue assez... négligée, ainsi que vous avez pu voir, une de
ses habitudes consiste à faire toutes ses courses à travers Paris
en prenant le pas gymnastique et en se plaçant volontiers derrière une voiture, afin qu'elle lui serve de coupe-vent. Il lui
arrive bien de temps à autre quelque mésaventure ; souvent on

Chaque flacre est suivi par
un homme qui se lance
au pas de course, les
coudes au corps.

se méprend sur sa qualité ; mais il est très philosophe et rit
tout le premier des erreurs qu'il provoque. »

Le brave législateur en question avait été pris une fois de
plus pour un infime *bagotier*.

Bagotier? dira peut-être le lecteur avec un geste d'interrogation.

Bagotier ou *pisteur,* si vous préférez. C'est le terme par lequel se désignent eux-mêmes ces industriels dont le métier consiste à courir derrière les voitures des gares afin d'aider les voyageurs à monter leurs bagages à domicile.

Avec votre permission, nous allons vous les présenter.

Il est probable qu'en descendant du train qui vous ramène d'un long voyage ou des bains de mer, vous n'avez jamais eu la curiosité d'examiner les abords de la gare, la composition des groupes stationnant aux grilles fermant la cour. En province, vous êtes obsédé par les garçons d'hôtel cherchant à vous racoler; dans les grandes villes, leur troupe se grossit des commissionnaires plus ou moins autorisés qui se disputent « l'honneur » de porter vos bagages. A Paris, nous sommes affranchis ou à peu près de ces importuns; mais la clôture de la gare n'en est pas moins garnie d'un cercle de besogneux qui espèrent tirer aubaine des arrivants.

Ne pouvant harceler directement les voyageurs, ils observent les allures de chacun et règlent leur tactique en conséquence. Les uns se présentent dès que le nouveau débarqué, ses bagages à la main, a fait quelques pas dans la rue; ceux-là ne « font » que le « petit » voyageur, celui duquel ils recevront seulement quelques sous pour porter parfois bien loin sa valise de provincial débarquant à Paris.

La plupart dédaignent les piétons et n'ont de regards que pour les fiacres sur lesquels on entasse malles et colis divers. Ces observateurs intéressés sont des *bagotiers* qui étudient ceux qui montent en voiture; ils s'inquiètent surtout de voir comment, la besogne achevée, les hommes d'équipe se comportent avec les voyageurs.

Si la portière de la voiture est fermée avec sollicitude, si un coup de casquette accompagne les partants, les visages s'épanouissent au delà des grilles. Si, au contraire, le facteur n'a qu'un regard de dédain, sinon plus, pour les voyageurs servis par lui, les physionomies du dehors deviennent moroses. L'attitude des employés est le baromètre le plus sûr du fonds à faire sur

Arrivé au point d'intersection, il se voit arrêté par les collègues.

les voyageurs qui viennent de débarquer. Ceux qu'on salue se sont montrés généreux; il y a toute chance pour que, arrivés à leur domicile, ils rétribuent largement les services du *bagotier*, s'ils sont acceptés. Aussi, dès que le fiacre se met en branle, est-ce une concurrence pour savoir à qui incombera le droit de le suivre. Il en est tout autrement si le « bourgeois » n'a pas été salué par les facteurs; il y a gros à parier qu'on fera une course inutile ou que le gain sera dérisoire. Prend qui veut une affaire de ce genre.

Et alors, suivant qu'il est délaissé ou indiqué par le chef des *bagotiers,* chaque fiacre est suivi par un ou plusieurs hommes qui se lancent au pas de course, les coudes au corps, tenant tête aux chevaux, si longue que soit la course. Fût-ce à Passy ou à Auteuil qu'il se rend, le voyageur est reçu à la descente de voiture par un homme suant, soufflant, couvert de poussière ou de boue, qui lui ouvre obséquieusement la portière et lui propose ses services pour « décharger » les bagages.

Ce solliciteur est un *bagotier ;* c'est un de ceux qui grouillaient tout à l'heure aux abords de la gare.

Parfois le voyageur a des domestiques ; la plupart du temps il n'a que des servantes ou un concierge. Les bonnes ne peuvent monter des malles parfois fort lourdes ; messieurs les concierges sont trop gros personnages pour s'abaisser à une telle besogne qui risquerait de les fatiguer. Si le pauvre diable, qui vient de franchir ainsi au pas de course quatre ou cinq kilomètres, n'est point trop dépenaillé, « môssieu » le concierge voudra bien lui permettre l'accès de « ses » escaliers et l'autorisera à gagner sa vie.

Jamais le *bagotier* ne se lasse à la poursuite des voitures de maîtres. Les cochers, qui ont tôt fait de reconnaître à qui ils ont affaire, se font un malin plaisir de l'essouffler en poussant leurs chevaux ; d'ailleurs, le maître qui possède un équipage a ordinairement plusieurs domestiques et n'est pas un client.

Il ne suit pas davantage les voitures spéciales des gares, les cochers de ce genre de voitures professant un souverain mépris pour le *bagotier,* dans lequel ils ne voient qu'un concurrent.

Les meilleures chances sont fournies par les bourgeois de

Si la course est courte, le cocher renverse son fouet le manche en l'air.

classe moyenne, surtout par les dames, soit par commisération pour le malheureux qui vient d'accomplir péniblement un long trajet, soit pour ne pas éprouver de désagréments de la part de gens qui généralement, — il faut le reconnaître, — ne se recommandent pas par une tenue des plus *selects*; les voyageuses se laissent plus aisément que les hommes imposer l'assistance du *bagotier*.

Parmi ces derniers, il en est même qui poussent l'audace jusqu'à s'emparer des bagages presque de force. S'ils sont refusés, ils réclament bruyamment, affirment qu'on leur a fait signe de venir. Alors, pour s'épargner des ennuis, le voyageur cède et paye un concours qu'il n'a point réclamé.

Toutefois, il s'en faut de beaucoup que chaque course faite ainsi à perte d'haleine rapporte un profit. Après avoir peiné longuement, le *bagotier* se heurte parfois à un concierge, — il en est de courageux, — qui s'est réservé le monopole des corvées à remplir pour le compte de ses locataires. En outre, le « bourgeois » refuse souvent son intervention soit par économie, soit par méfiance.

Afin de ménager leur temps et leur peine, les *bagotiers* ont imaginé un système assez pratique. Tous ne se tiennent pas aux abords des gares ; un certain nombre parmi eux se sont réunis eu une sorte de syndicat et se sont partagé Paris en secteurs dont chacun est dévolu à un groupe reconnaissant un chef.

Chacun de ces groupes choisit, sur l'itinéraire habituel des voitures venant des gares, un point où convergent à peu près toutes celles qui vont dans une direction déterminée. Les *bagotiers* sont là, l'œil aux aguets. Dès qu'une voiture apparaît chargée de bagages, le chef du groupe désigne celui ou ceux dont c'est le tour de marcher. Cela est déterminé par le rang d'arrivée au poste d'observation. Les quartiers ainsi surveillés sont une sorte de territoire interdit aux *bagotiers* étrangers. Tant pis pour celui qui, ignorant que les Ternes, les faubourgs Saint-Germain et Saint-Honoré, etc., sont attribués à un groupe, a la simplicité de s'élancer derrière une voiture partant de la gare! Arrivé au point d'intersection, il se voit arrêté par les collègues. Il a beau faire, il ne passera pas; et, tandis qu'il se démène, un camarade a pris la suite de la piste.

Bien que la corporation n'ait ni syndicat officiel ni groupement régulier, bien que la police la tolère à peine, elle n'en existe pas moins. Ses membres se connaissent très bien entre eux et se soutiennent autant qu'ils peuvent, mais ils n'aiment pas les intrus. Or ceux-ci sont encore trop nombreux, car les trois quarts des *bagotiers* sont des ouvriers en chômage, principalement des maçons. Sur les deux mille qui assiègent les gares, un quart à peine exerce d'un bout de l'année à l'autre.

Certaines règles, qui sont comme le code de la corporation, sont scrupuleusement observées. Ainsi, quand un fiacre est chargé d'au moins trois malles, il est admis qu'on peut se mettre deux pour le *pister*. Quelquefois même si la voiture ne porte que deux colis, un « copain » trotte sur les talons du *pisteur* et lui dit :

« J'suis *fauché*. »

Cela signifie qu'il est sans un sou et risque de ne pas manger de la journée.

« C'est bon, va de l'autre côté ! »

Arrivés à destination, si le client ne veut employer qu'un seul homme, on partage fraternellement le pourboire. Le camarade paye un verre sur sa part, et cela fait le compte.

Prétendre que le métier est lucratif serait excessif, néanmoins il fait vivre tant bien que mal son homme. Les mortes saisons abondent, les courses inutiles sont nombreuses ; on se rattrape aux époques fructueuses des rentrées dans Paris. Il n'est pas rare alors de faire dix francs et plus dans la journée; par contre, lorsque les retours des vacances sont terminés, on retombe à vingt ou trente sous, quelquefois moins encore.

En résumé, le *bagotier* peut évaluer sa journée moyenne à

Dès qu'il aperçoit un bout de cigare, un restant de cigarette, il le pique avec le petit crochet qui termine sa canne.

deux francs cinquante. S'il est avisé, s'il sait tirer des cochers de fiacre une indication convenable sur la direction de sa course, il s'épargne bien des déboires et des peines.

Cochers de fiacres et bagotiers s'entendent d'ordinaire assez bien, surtout les cochers de ces fiacres apocalyptiques dont les gares ont le monopole. Les uns pas plus que les autres ne sont gâtés par la fortune; les pauvres diables, qui se connaissent, se prêtent assistance au moyen d'un langage conventionnel.

Quand il se voit suivi par un *pisteur*, le cocher, interrogé d'un regard ou d'un geste, ne peut, sous peine de sévère répression, crier au camarade l'adresse où il se rend. Un clignement d'œil significatif indique la condition probable du bourgeois, ce qui épargne un effort souvent inutile. Le fouet sert de sémaphore pour fixer l'intéressé sur la distance à parcourir. Si la course est courte, il renverse le manche en l'air. Si, au contraire, le voyageur se rend loin de la gare, un vaste coup de fouet dans le vide apprend au *bagotier* qu'il doit s'attendre à « manger du kilomètre ». Un haussement d'épaules marque les courses d'une longueur ordinaire.

Quand le travail baisse, le *bagotier* gagne sa vie comme il peut : au moment des froids il donne un coup de main aux charretiers de combustible alors surmenés, il ramasse les quelques morceaux de charbon ou de bois tombant de leurs voitures qui débordent, ou bien il se présente aux chefs cantonniers de la ville, quand ceux-ci embauchent des hommes pour débarrasser la voie publique après les chutes de neige.

C'est souvent parmi eux que se rencontrent également les *mégotiers*, qu'on peut définir aussi marchands de tabac d'occasion. Ceux-là, non plus, ne sont ni des paresseux ni des mendiants. Ce sont des êtres épris d'indépendance qui ramassent, — c'est le mot, — leur pain où ils peuvent, sans dégoût ni répugnance, ayant encore dans leur dénuement trop d'honnêteté pour le prendre et trop de fierté pour le demander.

Le *mégotier* est le ramasseur de bouts de cigares (de *mégots*) que nous voyons tous à certaines heures sillonner les boulevards et les grandes voies. Il suit le trottoir, les yeux fixés à terre, une canne à la main. Dès qu'il aperçoit un bout de cigare, un restant de cigarette, il le pique avec le petit crochet qui termine sa canne et le fait disparaître dans sa poche.

Son commerce a pour bases : le dédain des gens blasés, vite dégoûtés des meilleures choses, et l'avidité des besogneux pour ce qu'ils n'ont pas le moyen de se procurer.

« Qui a bu boira, » dit un proverbe ; on pourrait tout aussi bien dire : « Qui a fumé fumera. » C'est pourquoi les gens qui n'ont pas ou qui n'ont plus les moyens de payer à la régie le haut prix qu'elle réclame pour ses produits cherchent à s'en procurer moins coûteusement. Ce besoin inassouvi a donné naissance à l'industrie du *mégotier*.

Inconnu il y a trente ans, le commerce des *mégots* est exercé aujourd'hui par cent cinquante ou deux cents professionnels, sans compter un nombre égal d'irréguliers. Tous, avant de se lancer dans la partie, ont été « amateurs », se sont bornés d'abord à récolter « les orphelins » pour pouvoir donner économiquement libre cours à leurs goûts de fumeurs. Puis, leurs trouvailles excédant leurs besoins, ils ont entrepris de les vendre aux miséreux qui, comme eux, veulent se satisfaire à bon compte.

On serait dans l'erreur si l'on croyait que tous les ramasseurs de bouts de cigares vendent directement leur récolte aux consommateurs. Même dans cet infime métier il y a une aristocratie ou, si l'on préfère, des degrés dans l'importance des opérations commerciales des *mégotiers*. Quoi qu'on pense, il y a, jusque parmi les miséreux, des castes distinctes.

Les *ramasseurs,* les *marchands* et les *revendeurs,* forment trois classes bien tranchées parmi les industriels qui exploitent le vieux tabac.

Les *ramasseurs* sont les juifs errants de la partie. Dès que sonne l'heure favorable ils se mettent en route, arpentant les voies publiques et « avalant des kilomètres ». Vers une heure, la Bourse les attire, non pour des opérations financières, les pauvres ! plus simplement pour récolter les « londrès » à demi consumés que jettent facilement les spéculateurs. Les cafés leur offrent également de bonnes aubaines à ce moment, et il faut voir avec quelle prestesse ils opèrent sur les terrasses, se glissant avec une souplesse de couleuvre au milieu des tables et des consommateurs.

Leur meilleur moment devant les cafés est l'heure de l'absinthe. Pour peu que le temps soit clément, la récolte est fructueuse.

Ils ont encore les grands mariages, les portes des théâtres avant la pièce et après les entr'actes, les cafés-concerts, les brasseries, enfin tous les lieux où la foule vient affluer. Ceux qui sont plus entreprenants ou plus protégés s'entendent avec les garçons de salle, qui leur donnent l'autorisation de butiner dans les balayures avant qu'elles ne soient poussées à l'égout ; d'autres reçoivent des garçons de cercle le contenu des cendriers et des crachoirs où les « orphelins » abondent.

Malgré l'abondance des sources, les *ramasseurs* gagnent péniblement deux francs dans leur journée. Pour cette somme, il leur faut ne pas apporter moins d'un ou deux kilogrammes de bouts au *marchand*. Dieu sait le nombre de kilomètres parcourus pour réaliser une pareille récolte !

Soit qu'il achète à des confrères, soit qu'il traite sa cueillette personnelle, le *marchand* fait subir à ses produits, pour les rendre présentables, une préparation bien nécessaire si l'on songe à leur provenance.

Il commence par trier le *gros* et le *fin*, c'est-à-dire par séparer les restants de cigares des débris de cigarettes. Un lavage léger débarrasse celles-ci de leurs cendres, et, après un séchage convenable à l'abri du soleil et du feu, le *fin* sera prêt pour la vente.

Tout l'outillage se réduit à un billot de bois, sur lequel il tranche, et à un couteau affilé
manœuvré d'un geste rapide.

Le *gros,* qui s'obtient avec les bouts de cigares, demande plus de travail. Il faut d'abord supprimer les parties calcinées, puis mouiller avec discernement la masse pour lui rendre une souplesse exigée par les manipulations ultérieures. Ce point obtenu, le *mégotier* prend une poignée de sa marchandise, et, la comprimant fortement, il la réduit en fins copeaux. Tout l'outillage se réduit à un billot de bois, sur lequel il tranche, et à un couteau affilé manœuvré d'un geste rapide ayant la régularité d'une mécanique. En deux heures, toute une livre de vieux cigares est transformée en un monceau de fines lanières.

La « façon » vient ensuite. Toute cette masse est reprise par petites quantités à la fois, qui sont roulées lentement dans la paume de la main. Cette opération, suffisamment répétée, donne aux petites lanières la frisure, l'enchevêtrement sous lequel se présente le scaferlati. Il n'y a plus qu'à étaler, à faire sécher, puis à mettre en paquets pour la vente, le tabac ainsi régénéré.

Le marchand doit se donner plus de peine que le simple ramasseur ; aussi son gain est-il généralement deux fois plus élevé.

Quant à *l'accapareur,* ce banquier du mégot, c'est un monsieur qui « a de quoi », auquel il ne faut pas un fonds de roulement inférieur à quinze ou vingt francs pour se lancer dans le haut négoce. En outre, il doit posséder une clientèle solide à laquelle il puisse écouler la totalité de son stock.

Ses importantes acquisitions sont nécessaires pour être en mesure de recueillir, dans la marée de détritus qu'il traite, un nombre assez respectable de fins cigares destinés aux fumeurs délicats (!) auxquels il faut des reliefs de choix. Le triage acquiert chez lui une importance particulière. On met à part les cigares de choix, ceux qui ont été jetés à peine après avoir été allumés. La Bourse et les grands cercles en sont la source. Des clients, appartenant parfois à des classes d'un certain degré, les recherchent pour les fumer dans des bouts d'ambre.

Un autre lot se compose des cigares encore en bon état. Ils sont destinés aux chiqueurs. Pour les fumeurs de pipe, on prépare un mélange de cigares et de cigarettes. Selon le prix qu'il veut y mettre, le client qui préfère la cigarette trouvera du *gros* ou du *fin*.

Il n'est pas jusqu'aux débris de tous ces détritus qui ne trouvent leur emploi. Ils sont recherchés par les horticulteurs, qui les payent à peu près dix sous la livre et les brûlent dans les serres pour se débarrasser des insectes qui dévorent leurs plantes.

Lorsque tout cela a été préparé, empaqueté proprement, le *mégotier* se rend à la place Maubert, où se tient le marché central de l'article. Là viennent converger les voies par lesquelles s'écoulent chaque matin, vers les ateliers et les chantiers, les bandés serrées de travailleurs habitant les hauts quartiers de la rive gauche. Terrassiers, maçons, débardeurs et autres s'approvisionnent en passant au prix uniforme de dix centimes le paquet, soit de gros, soit de fin.

Ils ne sont pas les seuls; plus d'un modeste employé, dont l'extérieur contraste avec les bourgerons qu'il coudoie, fait aussi sa provision en se cachant de son mieux, donnant ainsi satisfaction à ses exigences de fumeur et aux réclamations de sa pauvre bourse.

Tout modeste qu'il est, ce commerce a pourtant eu l'honneur périlleux d'éveiller la jalousie de l'administration des contributions indirectes, personne chatouilleuse à l'excès, qui a voulu voir dans le commerce des *mégots* une concurrence illicite.

Qu'on y songe : le *mégotier* revend un ou deux francs la livre ce que la régie fait payer douze et seize francs! Un pareil acte était impardonnable ! Pendant une longue période, elle a pourchassé les *mégotiers* et tenté de ruiner leur commerce. Elle a dû s'arrêter devant l'ingéniosité des délinquants, devant leur adresse à lui échapper, et surtout devant le ridicule odieux de ses prétentions tyranniques. Cette inutile persécution n'a déjà eu d'autre résultat que réduire encore le gain si misérable des *mégotiers* en multipliant leur nombre et les centres de vente, qui se rencontrent maintenant dans tous les quartiers excentriques de Paris.

LE

CAMELOTAGE

—

Le camelot ! La fleur la plus caractérisée du pavé parisien !

En vain les grandes cités européennes voudraient opposer à ce fruit de la grande ville leurs célébrités locales, aucune ne peut lutter d'ingéniosité, de souplesse, d'indépendance, d'entrain et, — il faut l'avouer, — de canaillerie avec ce produit dont l'arome ne se développe bien que sous le climat de Paris. Le camelot est un type qui se rencontre là seulement dans tout son épanouissement.

D'où vient-il ? Plutôt, d'où ne vient-il pas ? car le camelot est le résultat de causes multiples et des plus opposées. Sur les soixante à quatre-vingt mille que renferme Paris, un quart à peu près est issu d'une race bien définie qui naît, vit et meurt camelot ; mais la grande majorité est la résultante d'une combinaison de misère, de malchance, d'inconduite, d'adresse, d'horreur du travail, d'intelligence, d'amour effréné d'indépendance, de savoir-faire.

C'est parmi eux que se recrutent et les escarpes de toute catégorie et ces ingénieux petits marchands du trottoir qui excellent à déterminer l'engouement populaire pour des objets sans valeur. C'est chez eux que se recrutent les bandes de manifestants et les lanceurs de « canards ». Les partis politiques et les entrepreneurs de grèves, les gouvernants et les opposants y rencontrent les soldats dont ils ont besoin pour acclamer ou conspuer tour à tour Boulanger, les Russes, les nationalistes, les juifs, l'armée ou Dreyfus.

Le camelot est un protée, un caméléon, un prisme aux cent facettes. Il est avant tout et par-dessus tout un de ces cent mille Parisiens qui ne savent pas, le matin en s'éveillant, s'ils mangeront le soir et s'ils auront un gîte. C'est le besoin de se procurer la nourriture et le gîte qui aiguise son esprit et donne au camelot cet aspect particulier qui, malgré tous ses défauts, le rend intéressant à voir en action.

Où se trouve le camelot? Partout sous vos pas. Il vous suffit d'ouvrir les yeux et les oreilles en circulant dans Paris pour vous heurter au camelot. Il pullule, et cependant il ne se confond pas avec la masse de la population. Du premier coup d'œil vous le reconnaîtrez entre cent autres. Mais n'allez pas chercher le vrai camelot à l'atelier ou sur un chantier du travail; ce sont des lieux pour lesquels il éprouve une invincible aversion. C'est sur le trottoir, dans la boue des vilains jours et dans les nuages de poussière ensoleillée de l'été, que vous le rencontrerez.

Lorsque les affaires marchent mal, que les ateliers chôment, qu'une circonstance publique met la population dehors, leur nombre double et triple en quelques jours. Ceux-là sont des camelots de circonstance, des irréguliers, des débrouillards qui tirent parti de leur *bagout* naturel pour gagner la journée qui fait défaut à l'atelier. Vienne une reprise des affaires, ils quittent le trottoir et reprennent la varlope ou le marteau.

S'ils paraissent moins nombreux qu'ils ne sont en réalité, c'est qu'ils ne travaillent pas tous simultanément : la maladie, la paresse, la police correctionnelle et le chômage leur créent souvent des loisirs. On en compte quotidiennement dix mille, parmi lesquels se rencontrent sept à huit cents femmes.

Ce sont presque des patentés, en ce sens que n'est pas camelot qui veut : il faut une autorisation de la police, et gare aux nombreux irréguliers que la saoulerie du grand air a saisis! Ils sont considérés comme vagabonds, impitoyablement conduits au poste et envoyés au Dépôt.

Le camelot de naissance débute fort jeune. A cinq ou six ans, si c'est un garçon, il crie déjà les journaux spéciaux du soir, manne particulière qui se récolte au marché du *Croissant ;* si c'est une fille, elle s'en ira de café en café offrir des petits bouquets. L'un et l'autre, hélas! sont trop souvent poussés à la misère et au vice; trop souvent aussi la vieillesse les ramène à leur point de départ après des vicissitudes diverses.

On peut dire que le métier de camelot est le dernier terme de la déchéance pour ceux que la fortune n'a pas favorisés ou pour ceux qui se sont enlisés dans la paresse. Les uns acceptent leur sort avec résignation, parfois même goûtent un plaisir manifeste dans cette existence de liberté, pleine d'imprévu; les autres montrent un visage honteux et murmurent leur offre d'une voix tremblotante; ceux-ci recueillent quelques aumônes, ils ne vendent rien.

Pour vendre et bien vendre, il faut être *dessalé,* auquel cas le métier fait vivre très largement son homme. S'il ne parvient pas à se *dessaler,* il est voué à la misère la plus abominable.

Pour ceux qui ne sont pas au courant de l'argot parisien,

Paulus, l'empereur des camelots.

disons tout de suite que le *dessalage* est l'instruction professionnelle du camelot, son plus ou moins de talent à comprendre le boniment à faire pour *écouler l'article*. Être *dessalé*, c'est être habile à choisir l'objet à vendre, le lieu et l'heure propices; c'est avoir du *bagout*, savoir *ouvrir l'œil, et le bon,* se *carapater* lestement si quelque *flic* vient rôder du côté où l'on opère irrégulièrement; en un mot, être un *débrouillard* émérite.

Jadis cantonné dans un petit nombre d'articles débités avec force cris et boniments, le commerce du camelot est aujourd'hui sans limites; pour mieux dire, il n'a d'autres bornes que celles du prix de la marchandise. Aussi est-il de toutes les saisons.

Une de ses périodes glorieuses est l'époque du carnaval. Aux jours gras, les bataillons serrés des camelots envahissent les grandes voies publiques et offrent un coup d'œil non dépourvu de pittoresque par leurs étalages variés et leur entrain.

L'un promène une perche traversant une énorme couronne de paille où sont piqués des centaines de moulins en papier (dix centimes, deux sous!), dont les petites ailes ronflent joyeusement sous la moindre brise.

Un autre, le bras passé dans un énorme panier de blanchisseuse, vous tend une main garnie d'écrans japonais, l'autre chargée de mirlitons terminés par un long panache de papier soyeux.

« Qui n'a pas son p'tit balai? Qui veut un écran japonais? »

Et, pour faire apprécier le charme de sa marchandise, il vous passe son plumeau de papier sur la figure.

Mais voici toute une ménagerie qui s'avance au-dessus de la foule. Des crocodiles, des poissons, des éléphants, des cochons, des pantins et des singes en caoutchouc gonflé de gaz s'élèvent au-dessus des têtes et se livrent dans l'air à une sarabande réjouissante, retenus par un fil à un bâton chargé de lanternes multicolores.

A côté, une camelote grêlée, la voix cassée, offre des coiffures grotesques en papier. Pour les faire valoir, elle s'est affublée d'un gigantesque casque de pompier, estimant sans doute que sa physionomie ravagée constitue le *repoussoir* efficace pour la marchandise.

Mais la plupart vendent des confetti et des serpentins. Si le temps est beau, ils tiennent en main une mine d'or, et ils savent l'exploiter.

L'invention de ces petites rondelles de papier a été pour celui qui les a trouvées un trait de génie, une vraie fortune. L'engouement est venu vite, et, au moment du carnaval, les papeteries qui se livrent à cette fabrication ne peuvent suffire aux demandes.

Nous connaissons telle fabrique qui, en quelques jours, confectionne plus de deux cent cinquante mille kilos de confetti, sans compter les serpentins; et elle n'est pas seule!

C'est, il faut le reconnaître, une fabrication peu ragoûtante et qui, si elle était connue, calmerait la passion de bien des gens pour s'introduire dans le cou toutes ces petites rondelles. Il est juste d'ajouter qu'en fait de consommation culinaire ou autre, nombre d'objets gagneraient à n'être pas examinés de trop près.

Les confetti et leurs frères les serpentins sont confectionnés avec les plus bas résidus des papeteries, les vieux journaux souillés, avec tout ce qui est indigne d'une cuvée honorable. Le pilon fait de tous ces déchets un magma sans couleur et sans nom, dont l'aspect et l'odeur soulèvent le cœur. A grand renfort

L'industrie des confetti.

de chlore, — car on ne se donne point le luxe d'y employer du chlore sulfureux, — on blanchit la pâte jusqu'à un certain point. Afin de lui donner une apparence acceptable, on incorpore dans la masse des couleurs vives : du rouge, du violet, du jaune ou du vert ; on la coule, ainsi colorée, sous une machine de rebut. Les feuilles s'empilent ; quand il y en a un nombre suffisant, on les soumet à l'action d'un piston armé de poinçons d'acier, sortes d'emporte-pièces qui pénètrent dans la masse et découpent d'un seul coup toutes les rondelles que peuvent fournir des centaines de feuilles superposées. Il se détache de là un petit cylindre qu'on soumet à un fort mouvement de vannage, afin de détacher l'une de l'autre les rondelles colorées. On brasse ensuite ensemble une certaine quantité de confetti de chaque couleur, et l'on obtient ainsi cette masse papillotante qui plaît tant aux badauds.

En temps de carnaval, la consommation des confetti, à Paris seulement, dépasse un million de kilos, et certains marchands en gros débitent aux camelots durant ces trois jours plus de cent mille kilos de ces agaçantes petites rondelles.

Non contents de réaliser un bénéfice énorme sur cette légère marchandise, on a vu trop souvent les camelots dont le stock se trouvait épuisé se borner à ramasser à pleines mains les confetti gisant sur le trottoir et les revendre à nouveau, sans souci ni des ordures qui y abondaient ni des sévères interdictions de la police. Dans le feu de la bataille carnavalesque, celle-ci, débordée, ne peut suffire à une surveillance excessive, et le camelot, que les scrupules ne gênent guère d'habitude, trouve à augmenter son gain sans bourse délier.

Le tout s'accompagne du bruit que font les marchands de *bigophones*, trompettes, serpents, cors de chasse et autres instruments à vent en carton, que le camelot remet consciencieusement à l'acheteur après l'avoir longuement porté à ses lèvres douteuses, afin d'en démontrer le parfait fonctionnement.

Si le carnaval ne dure pas toujours, en revanche les circonstances que le camelot exploite sont innombrables : mariages, premières communions, pèlerinages, tirage au sort des conscrits, événements patriotiques. Tout cela fournit autant d'occasions où vous le retrouverez offrant la marchandise du moment.

C'est le parasite des noces, des noces de petites gens. Dès que le cortège apparaît, il surgit on ne sait d'où, armé de petites décorations en paillon pour les hommes, de nœuds, d'épingles en clinquant pour les femmes, vous offrant, vous imposant sa marchandise presque de force, vous frôlant le visage de ces ignobles petits balais qui ont déjà essuyé nombre de figures inconnues, vous mettant d'autorité dans la main ses écrans, ses éventails ou ses mirlitons, en agrémentant son boniment de grivoiseries souvent trop salées.

Le même qui vous a assuré que cela « vous portera bonheur » de vous orner le revers d'habit ou le corsage de ses décorations, vous le retrouverez le lendemain vendant d'un air de componction, aux portes des églises, des souvenirs de première communion ou des emblèmes de la neuvaine de sainte Geneviève. Portant devant lui une petite vitrine retenue à son cou par une bretelle, il vous fera ressortir la beauté angélique des images de sainteté et des médailles remplissant sa boutique ambulante.

Passez quelques heures après sur la place de la Concorde ou à la gare Saint-Lazare, sa marchandise aura changé ; il vous offrira discrètement des jeux de cartes transparentes ou d'autres ordures analogues.

Viennent les tirages au sort des conscrits et le conseil de

revision, vous rencontrez le camelot patriote. Il se charge d'orner le futur soldat du flamboyant numéro et du flot de rubans nationaux dont se surcharge tout conscrit qui se respecte. Aposté près des mairies, avec l'assortiment de cocardes, de rubans et de pancartes qui forment le fond de son établissement, il ne laisse point passer un seul futur guerrier sans lui livrer assaut. Bien adroit et bien énergique celui qui échappe à ses entreprises! Il y met une insistance d'autant plus tenace, que cette branche de son commerce va déclinant de jour en jour. Les beaux temps sont passés. Jadis, tous les tirages au sort se faisant au palais de l'Industrie, il y avait sur ce point, durant une vingtaine de jours, une affluence, un mouvement qui faisait de l'opération du tirage au sort une véritable petite foire bien vivante, où le camelot tenait dans la main son public, sa clientèle. Maintenant que le palais de l'Industrie a disparu, tout est changé : le camelot doit chaque jour se transporter de mairie en mairie, où ne se rencontrent plus que de petites réunions locales au lieu du grand rassemblement d'autrefois. L'animation est moindre, l'excitation n'a plus la même intensité, la contagion de l'exemple a diminué, et puis, il faut le reconnaître, on porte volontiers chez le marchand de vin l'argent consacré jadis à l'achat des emblèmes glorieux. Le conscrit lui-même n'est plus *cocardier*. Aussi comme on le choie, celui qui garde les bonnes traditions !

Des habiles, — il y en a partout, — se sont dit que la vanité est encore un des défauts humains dont l'exploitation est la plus profitable. Modernisant l'application de ce précepte philosophique, ils arrivent munis d'appareils photographiques et de tout un assortiment d'immenses cocardes et d'écharpes monumentales. *L'amateur* qui se confie à leur objectif dans une cour voisine éprouve ainsi la satisfaction économique de distribuer son image sans avoir eu à faire la dépense de ces coûteux oripeaux.

Les moins ambitieux des camelots se bornent à offrir les carrés enluminés sur lesquels ils impriment un gros chiffre, le numéro sorti de l'urne, et que tout conscrit convaincu doit piquer en losange sur sa coiffure.

Enfin, là comme partout, il y a les *artistes*, les *capitalistes*. Ceux-là tiennent un choix d'estampes et de lithographies souvent très fines et d'un prix élevé. C'est le souvenir que bien des gens aisés ont « la bonté » d'encadrer avec amour et de mettre en bonne place chez eux, pour conserver la mémoire du jour important du tirage au sort.

Au moment de la revision, le camelot revient à la rescousse ; mais l'entrain est moindre, la fièvre est tombée ; il ne récolte que du regain souvent bien maigre.

Il se console quand viennent les marins russes. Il faut alors offrir un choix extraordinairement varié de souvenirs, d'emblèmes, de décorations, de médailles, d'attributs, génération spontanée produite par les innombrables petits ateliers où éclosent les *articles de Paris*.

Auparavant la période boulangiste, plus récemment la visite des souverains russes, ont été des circonstances où le camelot patriote trouvait gloire et profit.

De tels beaux jours sont rares. Ce qui l'est moins, c'est la passion du Parisien pour les courses et le nombre des journaux, — disons plutôt des publications périodiques, — vivant de ce goût désordonné. Le camelot est là, toujours là, pour attiser ce feu dévorant par l'activité avec laquelle il dissémine à tous les vents les feuilles annonçant chaque soir le « r'sultat complet des curses » ! Dès que sonnent cinq heures, on entend des voix glapissantes parcourir les boulevards et les grandes artères; à tous les angles de rues apparaissent des hommes munis d'un petit paquet de feuilles imprimées et qui hurlent sans un instant de répit : « *Paris-Sport, d'mandez Auteuil; le Sport, v'là le Sport!* »

Lancés au pas de course, — peut-être par allusion aux vainqueurs dont ils annoncent la victoire, mais surtout pour opérer plus rapidement leur distribution, — ils vont ainsi, époumonnés, suant, durant des heures entières porter la bonne nouvelle jusque dans les *caboulots* les plus excentriques, où viennent s'engloutir en paris les maigres appointements du petit employé, la journée de l'ouvrier, le gain de l'apprenti.

On a fermé les officines du pari mutuel qui dévoraient effrontément le pain des pauvres familles, mais on a laissé s'établir des bureaux occultes à peu près chez tous les débitants de vins. Pour les parieurs enragés, l'établissement du *chand d' vins* est un lieu d'asile où la police ne saurait pénétrer. Elle voit bien derrière les glaces étincelantes du *mastroquet* les parieurs enregistrer leurs mises; mais comme la loi laisse les agents désarmés, ceux-ci sont impuissants à franchir le seuil de ce haut personnage, potentat électoral qui saurait leur faire payer cher la moindre entrave apportée à son industrie de croupier.

Pour le camelot, la vente des journaux de courses est un beau métier : il a un gain sur la vente de son *papier,* quelques verres *sifflés* en passant chez les clients attitrés et même aussi des gratifications, selon la rapidité de son service. Toutefois il y a du chômage lorsque les courses sont suspendues, et tous ne peuvent se livrer à ce métier fatigant. Alors on se jette sur les journaux du soir, sur ceux qui se publient à des heures intermédiaires, avec des titres à sensation et qu'on pourrait surnommer les *canards* quotidiens.

Le moment où ces feuilles sortent de presse est une des heures les plus curieuses de la vie dans la rue, et c'est au *Croissant* qu'il faut aller l'observer.

Là-bas, derrière l'ancien marché Saint-Joseph, au fond d'une sorte d'impasse débouchant vers le haut de la rue Montmartre, est située la rue du Croissant, où se tient le grand marché des journaux, le *Croissant* dans le langage du lieu. A certaines heures du jour et de la nuit, — selon qu'il s'agit des journaux du soir ou de ceux du matin, — il y règne une activité extraordinaire. Des bandes d'individus stationnent dans la rue ou grouillent chez les marchands de vin qui, avec les guichets des vendeurs en gros, peuplent les boutiques voisines à l'exclusion de tout autre commerce. C'est là que les camelots viennent s'approvisionner de *papier*. Ne pouvant être partout à la fois, la grande affaire pour le camelot vendeur de journaux est de se trouver à bonne place au guichet distributeur du journal à succès; puis, sitôt pourvu, de s'élancer des premiers sur les boulevards en criant à pleins poumons le nom de la feuille, dont un exemplaire avec ses titres en vedette est placardé autour de la coiffure quand il ne s'étale pas sur la poitrine ou sur les omoplates du crieur. Pour une petite somme, le camelot monte son fonds de commerce de ce soir-là; le *papier* lui est donné pour un prix variant entre deux francs cinquante et trois francs cinquante le cent, selon la feuille et suivant qu'il est vendeur attitré ou de circonstance.

Vendeur attitré, il est souvent marchand en demi-gros. Après entente avec un certain nombre de détaillants des kiosques et des boutiques, il leur apporte quotidiennement le stock nécessaire à leur clientèle; aussi faut-il voir avec quelle agilité il arpente les voies publiques, se faufile entre les voitures, fend la foule des promeneurs pour arriver bon premier à servir *ses* kiosques. Parfois même il fait sa distribution monté sur une bicyclette, pour *damer le pion* aux concurrents. S'il ne sert point

Le camelot.

les détaillants, il débite lui-même en courant de café en café, criant, hurlant sa marchandise ; ou bien, moins amateur de mouvement, il s'aposte en quelque lieu favorable, — bureaux d'omnibus, carrefours fréquentés, abords des gares, — et promène sur l'épaule un bâton qui porte en panoplie les journaux qu'il propose. Un client s'indique-t-il sur l'omnibus arrivant à la station, le bâton s'allonge à portée de l'acheteur, et le prix de la vente est déposé dans un gobelet fixé par le fond à l'extrémité de la perche.

Le vendeur est fréquemment un camelot de circonstance; c'est quelque ouvrier de corps d'état dont la journée d'hier, trop tôt finie, laisse un gain trop court; ou bien c'est un gréviste qui veut bien *embêter le patron,* mais qui trouve insuffisants les subsides du syndicat et cherche à les améliorer; c'est encore quelque malheureuse mère de famille qui tâche de réparer les brèches faites à la paye par le mari, trop bon client des *zincs* où il boit le plus clair de son gain; ce sont aussi des enfants que les parents exploitent par misère ou par vice; ce sont enfin des vagabonds, ennemis de tout travail fixe. Tous ceux-là encombrent les trottoirs à certaines heures, et sollicitent le passant avec des chances variables en rapport avec leur entrain ou leur aspect plus ou moins apitoyant.

Quand, fatigué de cette besogne régulière, le camelot aspire après une vie plus indépendante, il trouve encore à gagner son pain en dehors des époques bénies du carnaval ou des fêtes populaires. Il se fait *négociant.* Il passe son bras dans un panier dont les quatre angles s'allongent en manches à balai sur lesquels s'agrafe un assortiment « d'abats-jour et son support, vingt-cinq centimes, cinq sous! » qu'il trimbale dans les quartiers populeux; ou bien encore, s'associant un camarade, ils parcourent les mêmes régions, le dos chargé d'une montagne de cartonnages, en criant à tue-tête :

« Demandez de jolis cartons, mesdames! Cartons ronds, cartons carrés, cartons ovales, cartons à chapeaux, cartons à robes, cartons à gants! Voilà des cartons, mesdames! ».

Pour peu qu'il ait les poumons solides et un assortiment convenable, celui qui exploite cette branche de commerce se fait des journées de préfet.

Mais la persévérance n'est pas la vertu dominante du camelot; il lui faut le changement, le miroitement du trottoir, l'attrait de l'imprévu, l'âpre plaisir de la chasse au gain, et, s'il est un peu *dessalé*, il transporte en le modifiant son fonds de commerce sur les points où la circulation plus active lui promet la fortune.

Si des travaux suspendent la circulation des voitures dans une rue fréquentée, vous êtes sûr d'y voir accourir le camelot *négociant*. Avec ou sans étalage, vous pouvez affirmer que bon nombre de ceux-ci sont affiliés à la police; ils servent d'indicateurs aux agents et vont volontiers *au rapport sans armes*. C'est toujours cela de gagné! En effet, pourquoi se méfier du pauvre diable qui, le buste bardé, le bras couvert de sa marchandise, vous offre, à des prix invraisemblables de bon marché, des lacets à chaussures ou à corsets? Comment supposer que l'individu dépenaillé qui vous met sous le nez « le p'tit peigne et son étui, dix centimes », est un agent déguisé?

Pour peu que vous observiez avec quelque soin, vous ne tarderez pas à voir la différence d'attitude des sergents de ville à l'égard des industriels qui exploitent les rues barrées, ainsi que nous le disions tout à l'heure.

Les uns, à peine installés avec leur planchette posée sur un X, voient arriver l'agent, qui se fait présenter leur autorisation et l'examine scrupuleusement. Malheur à l'irrégulier! il doit déguerpir au plus vite, suivi par l'agent jusqu'à la limite de sa zone de surveillance. Les autres exhibent leur permis avec un signe d'intelligence, il est examiné pour la forme ; vous les verrez tout à l'heure, entre deux *séances,* causer en camarade avec le sergent de ville. C'est que les uns *en sont,* tandis que les autres *n'en sont pas.*

Affilié ou non, le camelot qui a une permission déploie un entrain merveilleux pour débiter sa marchandise.

Il lui faut, en effet, des aptitudes bien spéciales pour arriver à vendre un nombre de « savons à détacher » suffisant pour trouver sa subsistance de la journée.

Vous êtes-vous jamais arrêté auprès de ces gens débitant un interminable boniment, grâce auquel ils finissent par rencontrer dans leur auditoire les quelques naïfs nécessaires pour assurer leur gain ? Vous seriez-vous jamais imaginé qu'on pût vendre assez de « teinture instantanée » pour y gagner quelque chose ?

J'ai toujours été stupéfait de voir tant de gens entreprendre d'argenter leur batterie de cuisine ou leurs couverts de fer-blanc au moyen de ces « poudres à argenter », toutes à base de mercure, décevantes et nuisibles en même temps.

Je ne soupçonnais pas non plus les délices promises à ceux qui entreprennent la réparation de leurs ustensiles de ménage au moyen des bâtons de soudure « infaillible », qu'on vend en grand nombre et qui, d'ailleurs, fondent invariablement au premier feu.

Les ménagères soigneuses trouvent aussi auprès des camelots des « pâtes orientales », qui font merveille pour l'entretien des meubles. Le marchand en fournit la preuve sur place en frottant sous les yeux du passant un fragment de chaise ou de fauteuil, toujours le même, que cette friction perpétuelle recouvre d'une patine inaltérable.

A côté, un autre a découvert le secret de rassembler les

badauds pour leur exhiber du « papier d'Arménie ». Pour ceux qui l'ignoreraient, le papier d'Arménie est un produit à base de nitre qui a la prétention de purifier les endroits malsains ou mal odorants, en se consumant lentement et en remplaçant une odeur désagréable par un parfum suffocant.

Le comble de l'habileté est atteint par ces gaillards qui vendent des crayons d'aniline, indispensables (!) à tout le monde. C'est incroyable tout ce que ce mauvais petit bout de résidus de cornues à gaz répand de bienfaits autour de lui, combien est important son rôle social et à quel point sont imprévoyants ceux qui n'en sont point munis,... au dire du camelot.

Chacun a pu voir à l'œuvre et surtout entendre le camelot vendant sur les boulevards, au moment du jour de l'an, le jouet nouveau et tous les articles dont débordent les petites baraques. Comme au carnaval, le camelot est à ce moment le maître du trottoir. Il y trône en quelque sorte, soit qu'il happe au passage les promeneurs s'arrêtant à sa petite boutique, soit qu'il circule à travers les rangs de la foule. C'est le beau temps des petits jouets mécaniques, des toupies ronfleuses, des gyroscopes aux allures scientifiques et même des menus ustensiles de cuisine qui se présentent à toute occasion.

L'habileté professionnelle du camelot à étalage n'est rien comparée à celle des artistes qui *font le trottoir ;* car la corporation compte des artistes, de vrais artistes, qui écrasent la masse des confrères par la supériorité de leur *bagout.*

Ceux-là ne s'embarrassent point d'étalage ; ils n'ont rien d'apparent ou, tout au plus, une *toilette* de minimes dimensions pour envelopper leur marchandise. Leur tenue est loin d'être débraillée, parfois même elle indique une certaine recherche. Leur façon d'opérer est spéciale.

A des endroits propices, — la place de la Madeleine, le pont de la Concorde, devant le Théâtre-Français, — en un mot sur des points passagers, vous voyez un passant s'arrêter tout à coup comme une personne inquiète d'avoir égaré quelque chose. Il fouille ses poches avec anxiété, regarde à terre autour de lui : il cherche évidemment un objet perdu. Il n'en faut pas davantage pour fixer l'attention de deux ou trois badauds qui s'arrêtent à leur tour; le groupe grossit, pendant que l'homme semble se lamenter. Quand il juge le noyau suffisant, — ce qui n'est jamais long, — son visage s'éclaire comme s'il avait retrouvé au fond de sa poche un papier important.

« Ce n'est pas malheureux! s'écrie-t-il, j'avais peur d'avoir perdu une pièce importante, un procédé merveilleux,... que je vais avoir l'honneur de vous démontrer. »

A ces mots, la moitié au moins du groupe se disperse.

« Oh! ne fuyez pas, messieurs; ce que j'ai à vous dire est de la plus haute gravité. Je ne suis pas ce que vous semblez croire, car je ne prétends pas vendre quoi que ce soit. Je veux seulement vous faire partager une bonne fortune qui m'est échue récemment et qui consiste, etc. etc. »

Il en raconte dans ce goût durant un bon moment; le badaud intrigué se demande ce qui va sortir de tout ce fatras de paroles, reste et sert d'amorce à d'autres passants. C'est tout ce que cherche l'homme; et quand il voit la foule suffisamment compacte, il exhibe gravement une brochure insignifiante ou un petit article de Paris, à moins que ce ne soit quelque bijou en clinquant, et l'offre à des prix dérisoires. En dépit de son adresse, il n'en vendrait pas un exemplaire s'il n'avait dans l'assistance un compère qui *allume* le client en achetant avec commentaires l'objet offert. Une fois le public *allumé*, le reste va tout seul, qu'il s'agisse « d'anneaux pour les clefs » ou de « questions du Transvaal », et la recette atteint parfois une importance appréciable.

D'autres opèrent différemment. Tantôt on aperçoit un monsieur correctement vêtu, ganté, coiffé d'un chapeau haut de forme, et l'on s'étonne de le voir s'arrêter en soliloquant, indifférent en apparence à la foule qui s'amasse. Puis, comme pris d'une inspiration subite, il retire son chapeau, le dépose soigneusement à terre sur un journal déployé, quitte ses gants avec une lenteur calculée, toujours sans paraître voir son entourage intrigué ; puis, prenant la parole :

« Oui, messieurs, tout incroyable que cela puisse paraître, il en est ainsi. Je suis un représentant de la fameuse maison X et Cie, dont le nom vous est bien connu, et qui a des comptoirs dans le monde entier.

« Vous vous demandez peut-être comment il se fait que cette puissante maison ne se borne pas à l'emploi de ses moyens habituels d'écoulement, et qu'elle envoie ses représentants travailler jusque sur la voie publique. C'est que la maison X et Cie a le souci de l'humanité, qu'elle veut contribuer pour sa part, dans une large mesure, à l'amélioration du sort du peuple. Pour cela, elle a décidé de faire un immense sacrifice, de liquider ses marchandises en magasin à des prix invraisemblables, même au-dessous du coût de la matière première, afin de se consacrer uniquement à la fabrication de modèles nouveaux qui révolutionneront l'industrie et placeront la France à la tête des nations commerçantes. Vous en jugerez, messieurs, par le très faible aperçu que je vais avoir l'honneur de placer sous vos yeux. »

Et plongeant la main dans une poche, le camelot, — car c'est un simple camelot, mais des plus *dessalés*, — en tire un petit paquet qu'il dépouille solennellement de sa triple enveloppe de papier. Avec des précautions infinies il extrait d'un carton une montre avec sa chaîne, une bague, un bracelet et une paire de boutons de manchettes, puis il continue :

« Admirez, messieurs, le superbe travail que j'ai l'honneur de vous présenter. Voyez l'éclat et la pureté de cet or extrait des mines que la maison X et Cie possède dans le Transvaal et qu'elle exploite elle-même, dont les produits ne suffisent cependant pas à alimenter sa fabrication, tant ses affaires sont étendues. Considérez le fini, la richesse de cette ciselure, la beauté des formes, l'élégance, le cachet distingué de ces bijoux.

« En s'imposant de lourds sacrifices et grâce à son puissant outillage, la maison X et Cie a pu établir, pour le prix de six cents francs, dix-huit cents exemplaires de ces mêmes bijoux destinés aux dix-huit cents épouses du sérail de l'iman de Mascate. Sa Majesté l'iman ayant changé d'avis avant le moment de la livraison, la maison X et Cie n'a point entendu laisser dormir de pareils trésors dans ses magasins, sans profit pour personne ; elle a décidé de les offrir au public, s'en rapportant à son goût exquis pour apprécier un pareil sacrifice.

« Même en ne tenant compte que de la valeur matérielle, c'est plus de trois cents francs qu'elle devrait demander pour chaque exemplaire de ces admirables bijoux ; mais la maison X et Cie, je le répète, a souci du bonheur de l'humanité, et ce ne sera pas trois cents francs qu'elle vendra ces objets remarquables, ce ne sera même pas cent cinquante, ni cinquante, ni même quarante francs ! Et cependant, messieurs, vous voyez quelles invraisemblables beautés je vous offre. Messieurs ! moi qui vous parle au nom de la grande maison X et Cie, je suis autorisé à faire les rabais que je croirai utiles au service de la grande idée humanitaire qui inspire mes patrons; j'ai sur ce point les pouvoirs les plus étendus. C'est pourquoi je me décide à un dernier et suprême rabais dont vous apprécierez l'importance, en apprenant qu'hier encore j'ai vendu plus de deux cents de ces rares bijoux, à raison de trente-cinq francs chacun. Aujourd'hui, je veux écouler les derniers du stock, je veux en finir; appelé à l'étranger par d'autres opérations d'une extrême importance, je ne puis m'attarder plus longtemps. J'avais arrêté à vingt francs seulement le prix des lots que j'ai l'honneur de vous offrir; mais, sans vouloir les blesser, j'aperçois dans l'assistance quelques auditeurs dont la bourse pourrait bien crier misère après s'être payé une pareille fantaisie, et je ne veux être pour personne la cause même involontaire de regrets. C'est pourquoi nous abaisserons encore ce prix déjà presque dérisoire, et tandis que des confrères, moins scrupuleux, vendent ailleurs ces articles à haut prix, je vous les offre, moi, non pas au prix incroyable de vingt francs, ainsi que je vous le disais il n'y a qu'un instant, pas même à quinze francs! Vous n'allez peut-être point me croire, et vous allez me traiter de farceur si je vous dis que je ne vous en demande même pas cent sous! Et cependant c'est vrai, — riez tant que vous voudrez vous, là-bas; mais je parle sérieusement! — ce ne sera donc pas cinq francs, ni même trois, ni même deux francs cinquante, ni même deux; ce sera seulement... la modeste, la dérisoire somme de... quatre-vingt-quinze centimes! Oui, messieurs, quatre-vingt-quinze centimes! Et hâtez-vous, je vous prie, parce que je n'en aurai pas pour tout le monde! »

Et, chose inouïe, à peine a-t-il fini de parler, de débiter son invraisemblable boniment, que quatre ou cinq bras s'allongent, — des bras de compères.

Le *toc* offert est si habilement truqué, l'amour du clinquant si puissant sur le badaud, que notre homme écoule un nombre respectable de ses *bijoux*, lesquels, — il faut le reconnaître, — sont de petites merveilles de l' « article de Paris », mais dont la valeur intrinsèque atteint à peine cinquante centimes.

Cet artiste n'est pas seul de son genre; il a un émule émérite dans celui qui amasse la foule autour de lui en faisant avec un simple dé, une carte à jouer ou même rien, des tours de passe-passe qui affriolent puissamment les passants.

D'autres utilisent pour le succès de leur commerce une incontestable habileté de main. On les voit tirer de leur poche un petit paquet qu'ils déploient gravement et en tirer un morceau de craie, ainsi qu'un morceau de charbon. En quelques traits tracés d'une main sûre, ils ont bientôt couvert le trottoir de toute une cosmographie comprenant le soleil, la lune, une comète, voire même Saturne et son anneau.

L'œuvre se poursuit d'abord silencieuse; puis, à mesure de son avancement et de l'agglomération du public, le boniment commence, étranger tout d'abord à l'article mis en vente, mais auquel le camelot, doué *d'une platine à tout casser,* arrive insensiblement. C'est alors un feu roulant d'objurgations, d'explications, de promesses alléchantes, un déploiement de verve et d'activité qui laissent stupéfait l'observateur cherchant à mettre en regard la somme de travail produit et le résultat obtenu.

On en pourrait dire autant de celui qui débite des plumes « merveilleuses ». Il donne, en effet, des preuves étonnantes de sa souplesse de main. En se jouant il trace sous les yeux du public des lettres d'une correction impeccable, des lacs, des entrelacs, des volutes d'une étonnante hardiesse, qui semblent être le résultat non de son réel talent, mais du simple usage de sa plume « merveilleuse ».

De celui-là encore on peut dire que, pour faire un métier de paresseux, il se donne infiniment plus de peine que pour exercer un métier régulier qui a le tort, aux yeux de ces bohèmes du travail, d'entraver leur liberté. Pour eux, obéir à l'inéluctable loi du travail, c'est sacrifier son indépendance, c'est être asservi. Tous, miséreux ou *artistes,* ont avant tout l'horreur du travail régulier et l'amour désordonné de l'imprévu; ils préfèrent subir les incertitudes et les angoisses de la détresse plutôt que de se plier à la discipline d'un atelier ou d'un bureau. Voilà pourquoi l'armée des camelots voit grossir sans cesse l'importance de son contingent.

Dans la catégorie des *artistes,* on peut encore comprendre le camelot électoral; celui que, aux époques d'élections, les candidats ambitieux ou simplement riches sèment sur tous les points de la circonscription pour entraîner l'électeur soit dans les réunions préparatoires, soit le jour du vote.

Dans les réunions, il s'agit de faire acclamer le candidat par la majorité de l'assistance; son comité n'y suffirait point dans la plupart des cas. Le *Croissant* est là, avec ses réserves presque inépuisables de camelots. Suivant le prix, on expédie jusqu'en province des troupes embrigadées sous la direction d'un chef, à la fois capitaine et trésorier de cette singulière compagnie. Bien que ces troupes ne soient pas toujours d'une impeccable correction, ceux qui la composent gagnent assez consciencieusement leur argent; ils ne marchandent à l'orateur ni leurs applaudissements ni leurs acclamations; au besoin, — quand on y met le prix, — ils font le coup de poing en sa faveur, risquent le poste et même la correctionnelle. Mais, bast! ce sont les aléas du métier.

Parfois aussi la mission du camelot est plus délicate; au lieu d'applaudir, il a charge d'empêcher le contradicteur de se faire entendre; il doit organiser le *boucan,* faire de l'obstruction, rendre le débat impossible.

Cette contribution à « l'expression de la volonté populaire » se paye ordinairement cinq ou six francs par jour, plus les frais de déplacement et un certain nombre de verres, petits et grands, pour réchauffer les courages mollissants.

Pour ceux qui fonctionnent à Paris et aux alentours, la période de l'affichage est la plus lucrative, partant la plus recherchée. Aux heures où la lutte bat son plein, les grandes maisons qui se font de l'affichage électoral une spécialité sont débordées; alors les candidats viennent au *Croissant* recruter des afficheurs et font appel à l'habileté et au dévouement du camelot. Ces vertus se payent ordinairement dix francs par jour. Il est vrai que la journée ne comporte pas plus de cinq ou six heures de travail; mais elle commence vers deux ou trois heures du matin, et il faut *turbiner dur* pour être *à hauteur.* La besogne doit être enlevée rapidement; il faut que le matin, en descendant dans la rue pour se rendre à ses occupations, le public soit frappé par l'aspect des affiches écloses durant la nuit. C'est, entre afficheurs concurrents, une course de vitesse et d'adresse où l'amour-propre vient parfois se glisser et amène des luttes homériques à coup de pinceaux enduits de colle.

Tous les camelots ne peuvent pas s'improviser colleurs; il faut un certain matériel : le long pot à colle cylindrique, le gros pinceau en crin, la musette pour contenir et transporter le *papier,* une échelle et surtout la longue blouse blanche qui caractérise l'afficheur.

Elle lui est aussi indispensable que la casquette russe au *chauffeur.* Vous pouvez posséder une automobile; si vous ne

portez pas la casquette russe, vous n'êtes pas *chauffeur*, Par
contre, du moment que vous avez la casquette, il importe peu
que vous n'ayez point d'automobile ; la casquette suffit pour faire
de vous un *chauffeur*.

C'est, entre afficheurs concurrents, une course de vitesse et d'adresse.

Si simple que soit le matériel de l'afficheur, il se rencontre
rarement en la possession des habitués du *Croissant;* il en
résulte qu'à certains moments de presse le prix du camelot
monte à des hauteurs vertigineuses.

Le matin de l'élection, quand il faut frapper le grand coup, à
l'heure décisive où doit paraître la proclamation qui déjouera la

« manœuvre de la dernière minute » d'un ennemi sans scrupule, le camelot exigera jusqu'à vingt francs pour la dernière tournée d'affichage.

Ceux qui *la connaissent dans les coins* n'attendent point ce moment pour réaliser de pareilles aubaines. S'ils savent manœuvrer, ils trouvent le moyen de se mettre en même temps au service des deux candidats concurrents, et ils s'arrangent de façon à ne causer en réalité aucun préjudice à leurs patrons. Le procédé est, d'ailleurs, fort simple.

Supposons le camelot Cheminard partant le matin avec, sur son dos, les proclamations du socialo-internationaliste Roujamort et les affiches du modéré Guimauval. Il collera d'abord une affiche Roujamort, qu'il recouvrira immédiatement d'une affiche Guimauval. Roujamort sera volé ! Mais, cinq pas plus loin, notre homme collera une affiche Guimauval, qu'il étouffera sous une autre de Roujamort. Guimauval à son tour sera volé ! Ils seront volés tous les deux, mais à tour de rôle et de façon compensatrice ; mais au moins auront-ils la certitude que la moitié de leurs affiches restent visibles, tandis que s'ils avaient eu chacun leur afficheur, Roujamort courait le risque d'être totalement étouffé par Guimauval, et *vice versa*. C'est, on le voit, de la part du camelot, une quasi honnêteté dont il convient de lui tenir compte.

S'il n'a pas eu la bonne fortune d'être afficheur, le camelot a la ressource de distribuer à la main les professions de foi et surtout les bulletins de vote aux abords des sections de vote, quand les candidats ne trouvent point d'autres agents. Il peut encore, *les jours de panne*, se mettre au service d'un restaurateur à bon marché dont il distribue les réclames. La journée est maigrement payée ; mais il est nourri à l'office, ce qui n'est pas à dédaigner. Le poste est relativement recherché en hiver, à cause des soupes chaudes que le restaurateur ne marchande ordinairement pas au pauvre diable.

Si cette aubaine lui échappe, alors le camelot descend les derniers échelons du métier de la publicité. Il se fait sandwich ou traîneur de pousse-pousse. Vous les connaissez bien, ces malheureux hommes-sandwich qui s'en vont en file indienne, à distance l'un de l'autre, d'un pas lent et harassé, cachant leurs guenilles sous les placards recouvrant leur poitrine et leur dos. Pour quarante-cinq sous ils doivent circuler tout l'après-midi et le soir, avec des repos réglés d'avance, essuyer tous les quolibets des passants, ne jamais stationner ni s'asseoir, encore moins, — c'est là le plus dur, — s'arrêter chez les marchands de vins. Pour deux francs soixante-quinze centimes, ils s'attellent aux voitures dites *pousse-pousse* et promènent dans Paris les panneaux de toile et de papier violemment illustrés au moyen desquels on tire l'œil du public sur des annonces souvent graveleuses.

Enfin, comme suprême ressource, il se résigne à distribuer des adresses commerciales au coin des ponts et des rues fréquentées; son gain, hélas! est en rapport avec le cas que le public fait de ses distributions. Pour en juger, il n'y a qu'à voir l'empressement avec lequel les passants rejettent ces papiers qu'on leur a imposés presque de force; l'abondance des débris jonchant le sol dans un rayon restreint dit assez qu'il faut semer énormément pour récolter fort peu par ce procédé de publicité.

Ces jours de la série noire sont parfois coupés de quelques aubaines, heureusement, pour peu que le gouvernement, la Ville ou quelque grosse société financière fassent appel à la bourse du public. Pour les porteurs de petites économies, il s'agit de se faire attribuer le plus possible de ces titres qui sont si recherchés au moment de leur émission. Non que les avantages offerts aux souscripteurs ou la solidité de l'établissement soient un appât suffisant et qui justifient la présence de longues théories qu'on voit se morfondre devant les guichets de souscription, mais ces titres font invariablement prime durant quelques jours au moins et présentent une occasion de gain très recherchée par beaucoup de porteurs.

Toute cette foule est en concurrence pour apporter son argent. Non pas toute cette foule, car une bonne partie se compose d'individus qu'à leur mise et à leur aspect il serait difficile de prendre pour des rentiers cherchant un placement. La plupart de ces souscripteurs sont de pauvres diables qui opèrent pour le compte d'autrui ; ce sont des camelots qui se chargent de multiplier les souscriptions dont un même individu désire bénéficier ou de vendre tout simplement sa place à qui veut échapper aux longueurs de l'attente.

Dans le premier cas, les camelots recrutés souscrivent soit à leur nom, soit sous des noms indiqués.

Comment, direz-vous, ces gens sans sou ni maille peuvent-ils opérer le premier versement exigé en pareil cas ?

S'il y a des accommodements avec le ciel, il y en a de bien plus aisés avec les garçons de bureau faisant la police des guichets. Le spéculateur qui a embauché un certain nombre de camelots se garde bien de leur donner d'avance le montant de la souscription ; il sait fort bien que le guichet n'en verrait rien et que tout serait joyeusement dépensé chez les marchands de vins des alentours. Il opère autrement.

Quand le camelot a franchi l'enceinte qui le rapproche du guichet, il reçoit la somme à verser. Comme il ne peut sortir sans avoir épuisé la série des formalités à remplir, sa surveillance est facile; contre la remise du reçu délivré par le caissier, il reçoit la rétribution convenue.

Toutefois, dans les grandes souscriptions, dans celles qu'on prévoit devoir être couvertes vingt-cinq ou trente fois (et les manieurs d'argent savent par quels procédés!), le camelot agit pour son propre compte. Il n'est plus souscripteur. Il vend simplement son droit au rang qu'il occupe dans l'interminable queue.

A cet effet, ceux d'entre eux qui entendent « faire la souscription » se réunissent dès l'aube et instituent, séance tenante, une sorte de syndicat qui édicte les règles les plus sévères et fixe la cote des places à céder. Quand les guichets s'ouvrent, une sorte de bourse s'établit, et l'on voit très bien les heureux qui sont en tête vendre leur place jusqu'à vingt francs. C'est, d'ailleurs, le prix à peu près admis pour les quinze premiers se présentant au guichet; les dix places suivantes sont cotées quinze francs; les vingt qui viennent après ne dépassent pas dix francs. Les autres se traitent à des taux qui se débattent entre les amateurs et les détenteurs.

Les lettres et la politique apportent aussi au camelot un concours précieux. Lorsque la coupole de l'Institut s'ouvre pour une séance publique, quand le gouvernement doit soutenir devant les Chambres une discussion sensationnelle, si une pièce à succès a fait louer, sauf le nombre réservé, toutes les places disponibles, il devient difficile, sinon impossible, de se procurer une entrée. Les séances dites publiques qui ont lieu à l'Institut ou aux Chambres ne le sont que très partiellement. Tous les billets ont été distribués entre les invités et les amis de la maison; on réserve seulement un petit nombre de places qu'on laisse occuper par les premiers arrivés. Il s'agit, pour le camelot, d'être parmi eux et de revendre ensuite son rang aux amateurs, au moment de pénétrer dans la salle.

Ainsi qu'on a pu le voir, ce n'est pas la diversité des occupations qui manque aux bohèmes du travail qui forment la majorité des camelots. On ne peut, non plus, leur refuser une certaine intelligence et un certain courage; ils sont en réalité capables d'effort, pourvu que l'effort n'exige ni persévérance ni discipline. Il ne leur manque qu'une chose, et elle leur manquera toujours : l'amour du travail pour lui-même.

CHASSEURS DE VERDURE

Tantôt vieux, tantôt jeunes, aussi bien des hommes que des femmes, des vieillards que des enfants, mais toujours uniformément misérables et loqueteux, on les aperçoit dans les rues, le dos chargé d'une hotte d'osier, plus souvent d'une sorte de faix fabriqué par eux-mêmes, pour cause d'économie, avec des débris de caisses d'emballage. Là-dessus s'entasse, proportionnée à leurs forces, une montagne de verdure composée de petites herbes piquées de place en place d'un léger point blanc et retombant comme une chevelure embroussaillée.

Et, jusqu'à ce que la dernière poignée ait disparu, on les entend par les rues qu'habitent les petites gens crier de toutes leurs forces :

« Du mouron pour les p'tiiits... zoiseaux ! »

Ce sont des marchands de mouron, une petite herbe parasite de tous les terrains en friche, manne providentielle recherchée pour leurs pensionnaires ailés par tous les possesseurs de serins, chardonnerets, tarins, etc.

Ils ont pour clients, presque pour amis, les concierges de

bonnes maisons, les petits bourgeois, les ouvriers en chambre, les Jenny l'ouvrière, qui attendent chaque jour son passage avec la même impatience que l'arrivée du boulanger ou du laitier. C'est qu'ils souffrent de voir *Fifi* attendre ou être privé de sa provision quotidienne de verdure fraîche, base de sa bonne santé et de sa belle humeur. Sans mouron, plus de roulades, plus de trilles retentissants, plus de ces piaulements gracieux qui sont la conversation de ces petites bêtes.

Le marchand de mouron est un des rouages de la vie de Paris ; rouage modeste, je le reconnais, mais efficace, puisqu'il apporte sa contribution à l'adoucissement du sort des laborieux et des déshérités en entretenant auprès d'eux ce qui est, parfois, leur unique distraction dans la vie. Qui donc n'a pas connu quelque

La marchande de mouron.

pauvre ménage ou quelque misérable vieille dont la seule joie était enfermée dans la petite cage accrochée à un des montants de la fenêtre ? Souvent il n'y a pas de pain à la maison, la « marmite est renversée », comme disent ces malheureuses gens dans leur langage ; mais ils trouveront toujours un sou pour le mouron de *Fifi*, dont les chants perçants et joyeux leur feront oublier les longues heures sans feu et sans pain.

Si, la saison passée, le mouron devient rare et se fane, le

marchand continue à être la providence des petits prisonniers auxquels il faut un régime varié. Il leur apporte, au moment de la maturité, les savoureux épis du plantain et ceux du millet encore verts et tout gonflés d'un lait qui tourne en amande.

Dès l'aube, les chasseurs de verdure se mettent en route. Il s'agit de découvrir au delà des fortifications le terrain sur lequel abonde leur marchandise. Tant que donne le mouron, ils n'ont pas à se transporter loin ; à peine un coin de terre vient-il à être abandonné, que la petite plante envahit le sol et l'envahit avec d'autant plus de vigueur que la terre a été plus généreusement fumée. Les terres vagues, les bords de chemins en sont couverts ; aux endroits favorables, on voit quelquefois des bandes entières courbées sur le sol, quêter avidement, arracher les touffes utiles avant que le soleil, trop haut sur l'horizon, n'enlève au mouron sa fraîcheur et sa saveur.

Quand l'herbe, grillée par les rayons ardents, se fait rare ou que vient le moment du plantain et du millet, la recherche des épis oblige souvent à des courses prolongées en pleine campagne, le long des chemins non ravagés par la foule des promeneurs parisiens. C'est alors pitié de voir les pauvres diables haleter de fatigue et de les entendre crier de leur voix cassée :

« Du beau millet! du beau millet! du plantain pour les p'tiiits... zoiseaux! »

Ceci est le travail de la première saison. S'il était la seule ressource de nos gens, on pourrait s'étonner de les voir s'attacher à un labeur aussi ingrat ; mais ce sont des êtres à la fois ingénieux et follement épris d'indépendance, qui ont trouvé le moyen de gagner leur vie avec de l'herbe pendant tout le cours de l'année. En toutes saisons ils sont en chasse.

Quand la clientèle des petits oiseaux ne donne plus, ils se

rabattent sur les fruitiers, les marchands de beurre et de fromages, sur les restaurateurs, sur les marchands de marée.

Grâce à eux, la marée, les asperges et les huîtres se présentent aux convoitises des acheteurs, couchées sur un lit de verdoyantes fougères. Et l'on ne se doute guère, en voyant cet ornement des mets recherchés, tout le mal qu'ont dû se donner les pauvres gens pour se le procurer.

Non seulement ces jolies fougères que nous admirons dans nos excursions à travers bois ne se rencontrent pas partout, mais l'espèce recherchée n'est pas indifférente. Les marchands de comestibles n'apprécient que la fougère mâle, seule capable de fournir à leurs produits le lit moelleux qu'ils aiment, qui met mieux en relief leur aspect séduisant. Or la fougère mâle est relativement rare surtout dans les bois environnant Paris, où elle est recherchée pour le compte des herboristes qui en tirent un vermifuge. Il faut donc que les chasseurs de verdure se rendent quelquefois assez loin pour rencontrer des cantons où prospère ce végétal. D'abord, près de Paris, les promeneurs ravagent impitoyablement les sous-bois, et l'on ne doit offrir aux marchands que des feuillages frais, non foulés ou brisés ; en second lieu, quand la contrée favorable a été découverte, il faut, avant de se mettre à cueillir, se pourvoir d'une autorisation de l'administration des eaux et forêts.

Tous, et moi le premier, nous imaginons que n'importe qui peut se donner le plaisir ou le profit de récolter dans la forêt ces herbes et ces plantes qui sont la joie des yeux et feront un souvenir de la bienheureuse randonnée à l'air pur. Erreur ! erreur complète ! Tout cela est inviolable et appartient avec tous les bois d'autour de Paris à l'administration des eaux et forêts, laquelle ne plaisante pas lorsqu'il s'agit de ses droits et prérogatives. Le dimanche et dans un certain rayon sacrifié, elle ferme les yeux sur les innocentes déprédations des promeneurs. Elle y est bien forcée ; ses agents ne suffiraient pas à relever les menus délits des promeneurs lâchés dans les bois. Mais en semaine, au delà d'une zone déterminée, vis-à-vis des gens qui viennent chercher leur vie dans la forêt, elle ne se départit en rien de sa sévérité.

Ceux qui sont porteurs d'un permis n'en peuvent profiter que dans des quartiers déterminés ; ils ne peuvent se livrer à leur récolte sur tous les points qui leur plaisent, et il leur faut souvent se rendre bien loin pour trouver le canton forestier qui leur est assigné. C'est à dix et douze kilomètres au delà de l'enceinte qu'ils s'en vont, attelés deux ou trois ensemble à une charrette à bras, qu'ils trimballent péniblement jusqu'au lieu de la récolte, à travers les chemins et les sentiers défoncés de la forêt. Les plus fortunés, — combien peu ! — possèdent parfois un cheval étique, une ruine ambulante, qui tire cahin-caha une carriole délabrée. Durant tout le jour on coupe, on coupe ; les enfants et les vieux, — car toute la famille contribue au travail, — bottellent les buissons de fougère, les entassent en piles savamment combinées pour éviter le froissement. Lorsque la charge est complète, on fait un somme durant les dernières heures de jour, car la nuit se passera sur pied ; puis, le soleil couché, tout le monde s'attelle ou pousse dans les endroits difficiles et chemine non sans peine et sans accident vers les Halles centrales.

Si tout a bien marché, la caravane peut arriver dans la nuit, vers deux heures, et ranger sa voiture le long du pavillon de la verdure. La vente ne commençant pas aussitôt, les pauvres diables ont encore le temps de « casser une croûte » et de prendre une heure de sommeil à l'abri de leur véhicule.

Vers quatre heures, la vente s'ouvre. Les marchands en gros enlèvent quelquefois tout le chargement; sinon, les fruitiers s'approvisionnent pour parer leur marchandise.

A ce métier, les chasseurs de verdure font un gain appréciable. Ils peuvent gagner de cinq à dix francs par jour. Toutefois la saison qui leur vaut ce joli gain dure peu, car la fougère ne reste pas longtemps bien belle; puis, il y a vraiment trop de marchands de vin sur le parcours et aux alentours des Halles; d'où l'impossibilité d'amasser pour les jours de disette. Mais nos gens sont philosophes et se contentent de ce qu'ils rencontrent au jour le jour.

Suivant la saison leur marchandise change, car les goûts et les besoins de leurs clients se modifient aussi. Vienne l'été, les fruits apparaissent; il n'est alors point de table respectable sur laquelle on les présente autrement que blottis dans le feuillage de la vigne. Les fromages frais et les fruits ont le privilège de cette petite décoration qui tient fortement au cœur des maîtresses de maison un peu soigneuses. En effet, la feuille de vigne fait valoir le velouté, l'éclat d'un fruit; elle aide aussi à en atténuer les imperfections. Dans une maison bien ordonnée, ce serait une lourde faute contre le goût de servir des pêches autrement qu'au milieu d'un capiton de vigne.

Ce sont encore les chasseurs de verdure qui assurent à nos desserts ce cachet de confort. Sans eux, la maîtresse de maison serait bien empêchée d'y pourvoir, les boulevards et les rues n'offrant pas la facilité, comme à la campagne, de prendre à même la treille les feuilles bien découpées, verdoyantes, régulières, dont on fait un tapis aux fruits nouveaux.

A ce moment, le verdurier quitte la forêt et maraude à travers les vignes. Ce n'est pas qu'il agisse tout à fait au goût du vigne-

Le jeune sapin sera l'arbre de Noël, tant apprécié de l'enfance,
à cause des jouets qui s'en détachent.

ron ; mais pourvu qu'en cueillant la feuille il n'arrache ni la grappe ni la pousse, le vigneron le laisse faire, et le pauvre diable glane ainsi de quoi subvenir à ses besoins bien restreints. Mais il en est tout autrement dès que le raisin commence à tourner; le vigneron, hier débonnaire, est devenu intraitable. Il sait que la tentation du fruit vert est forte, et que nos gens ne sont pas des parangons de vertu; aussi, dès ce jour, la vigne leur est-elle fermée. Il leur faut s'organiser autrement; or ce n'est pas l'ingéniosité qui leur manque. La vigne leur étant interdite, ils en remplacent le feuillage par celui des fraisiers. A cette époque de l'année la récolte des fraises est achevée, il n'y a donc aucun préjudice à redouter du passage des verduriers dans les cultures. D'ailleurs, après avoir donné son fruit, le fraisier se trouve bien d'être dépouillé de ses principales feuilles; la sève, qui monte encore, ne trouvant plus autant de feuilles pour la recevoir, circule plus abondante dans le corps de la plante et lui donne de la vigueur.

L'automne vient à son tour et rappelle le verdurier dans la forêt, sa fidèle nourricière. La fougère a disparu, mais il retrouve mûres à point les feuilles des ronces que remplaceront celles de la vigne rougies par les premières gelées. Le croirait-on ? la recherche en est pénible, et les feuilles appréciées du commerce ne sont pas abondantes, malgré l'immense quantité des buissons peuplant la forêt. C'est que le verdurier ne peut offrir que des feuilles bien faites, réunies par trois, trilobées, imitant un trèfle bien découpé. Il doit les offrir par paquets d'égale dimension, contenant chacun vingt-cinq feuilles bien pareilles. La difficulté consiste précisément à appareiller la marchandise; Dieu sait ce qu'il faut arpenter de kilomètres et battre de buissons pour « faire sa journée »! Qu'il pleuve, qu'il vente, qu'il neige ou qu'il gèle, le chasseur de verdure va toujours, car sa clientèle exige un approvisionnement régulier et ne lui reconnaît point le droit d'être sensible aux plus rudes intempéries. Si l'on peut lui reprocher plus d'un vice et plus d'un manque de vertus, du moins ne peut-on lui dénier un réel courage au travail.

A Noël, la besogne s'accroît; les profits s'en ressentent, et c'est de toute justice. Aux plantes d'ornement, aux fleurs élégantes devenues rares, chacun désire mêler à la décoration de son intérieur un peu de ces végétaux spéciaux qu'on nomme verdure de Noël : pour nos contrées elles se composent de jeunes sapins, de houx et de gui.

Le jeune sapin, arraché à la pépinière de la forêt en dépit de la surveillance des gardes, sera l'arbre de Noël tant désiré, tant apprécié de l'enfance à cause des jouets qui s'en détachent.

Le houx, avec ses feuilles artistiques robustes et ses jolies graines rouges, constitue un ornement si apprécié, que la vente en est toujours assurée.

De tout ce négoce modeste, le plus fructueux est celui du gui, du gui si aimé de nos ancêtres, si caractéristique de notre origine gauloise. La tradition longtemps maintenue dans notre vieille France s'en est allée peu à peu jusqu'à ces dernières années; mais elle est restée vivace de l'autre côté du détroit, où l'on a gardé le culte de tout ce qui rappelle les origines de la nation. Puis, ainsi que tant d'autres choses, dont le goût nous prend quand nous les croyons de provenance anglaise, un retour à nos vieilles habitudes a eu lieu. Depuis un certain nombre d'années la mode a repris d'orner, selon le goût anglais, nos demeures de quelques touffes de gui. On s'est ressouvenu de ce dire de nos pères: « Au gui, l'an neuf ! » et l'on veut aussi assurer le bonheur de son foyer par la présence du talisman protecteur. Notre société d'esprits forts prétend conjurer les événements fâcheux en suspendant au mur un paquet de la plante des vieux Celtes.

Quoi qu'il en soit du mobile qui fait agir, le commerce du gui, aux approches de Noël, est un commerce avantageux. Circulant dans les rues, portant sur l'épaule une perche à laquelle, pour ne pas les froisser, sont suspendues les touffes de gui, les chasseurs de verdure débitent rapidement leur marchandise, dont le prix varie suivant la force et la perfection des formes. Chacune d'elles ne vaut pas moins d'un franc, au plus bas prix; souvent elles atteignent trois, quatre et cinq francs, suivant leurs dimensions et l'abondance des perles blanches qui sont les graines de ce curieux parasite.

Aussi faut-il voir avec quelle ardeur les pauvres gens se mettent en chasse dès que l'administration des eaux et forêts leur permet l'accès des bois. Bien que ceux-là y trouvent leur compte, celle-ci est encore l'obligée, car elle est débarrassée sans frais pour elle des parasites qui rongent ses arbres.

En dépit de la légende, le gui se rencontre peu sur les chênes. C'est peut-être même à cause de cette rareté que les druides choisissaient, pour marquer le retour de l'année, les touffes rencontrées sur les géants de leurs forêts.

Les peupliers en nourrissent davantage, mais la cueillette y est dangereuse et difficile à cause de la hauteur à laquelle il faut aller les chercher.

Par contre, le gui abonde sur les pommiers. Il montre pour cette espèce d'arbres une fâcheuse prédilection, car on compte souvent jusqu'à vingt touffes sur le même sujet. Il s'y multiplie avec rapidité et en épuise promptement la sève. C'est l'épiphyte le plus vorace de nos contrées; si l'on n'y mettait bon ordre, il aurait en quelques années détruit nos innombrables plantations de pommiers. C'est pourquoi l'on a dû prendre des mesures administratives prescrivant la destruction du gui, comme on impose chaque année l'échenillage et le hannetonnage. Il n'est donc pas surprenant que la Normandie et la Bretagne soient les contrées qui fournissent le plus de gui aux marchands ambulants des grandes villes, car les bois des environs ne sauraient suffire à la consommation parisienne.

La saison du gui passée, s'ouvre pour le chasseur de verdure la période la plus dure, celle où il en est réduit à récolter les feuilles de ronce. Mais bientôt les jours plus doux s'annoncent; alors il procède à la récolte de la chicorée sauvage, vulgairement appelée « pissenlit ». Quand l'hiver a passé sur ses feuilles, qui continuent à végéter malgré la gelée, la plante est recherchée pour être mangée en vert; elle constitue une salade populaire et économique, appréciée surtout pour ses vertus dépuratives. Au moment propice, des bandes entières de vieux, de femmes, d'enfants, s'en vont explorer les champs, les prés, et enlèvent au couteau la plante entière. Elle repoussera bien vite, malgré sa blessure; car il suffit d'un tronçon de racine laissée dans le sol pour voir se reformer un autre sujet.

Enfin, un peu plus tard, le mouron se montre de toutes parts; nous rencontrons alors le chasseur de verdure recommençant son cycle de vagabond, de travailleur et d'incurable miséreux.

LES

RIVAGIERS

Encore une tribu parisienne plus inconnue assurément que certaines peuplades sauvages et qui pourtant mérite bien de fixer un moment l'attention, ne fût-ce que par son aspect pittoresque. Et puis, pourquoi ne pas le dire ? les *rivagiers* sont aussi peu connus par deux causes incontestables : d'abord, ils vivent au milieu de nous; ensuite, un des nombreux défauts du Parisien est d'ignorer sa ville. Chaque jour en apporte la preuve : ce sont les provinciaux qui apprennent aux Parisiens les monuments et les curiosités de la capitale. S'imaginant que l'intérêt gîte au loin, hors de portée, l'habitant de Paris remet à plus tard ou dédaigne d'étudier et de voir les mille sujets d'observation qu'il a quotidiennement sous les yeux. Les *rivagiers* sont du nombre.

Leur nom indique bien ce qu'ils sont : des gens que la fortune (?) a attachés aux rives du fleuve, qui y ont planté leur tente (ceci est une pure métaphore), et qui trouvent dans les résidus et les excoriations du port parisien de maigres ressources qui les empêchent de mourir de faim.

Quand nous disons port parisien, nous exprimons une réalité ignorée du plus grand nombre. Combien se doutent que Paris est un des plus importants ports de commerce de l'Europe? Son trafic est plus considérable que celui de Rouen, de Marseille ou même d'Anvers, dont le développement a pourtant été si rapide. En effet, le port d'Anvers a un trafic de cinq millions de tonnes, tandis que le port de Paris atteint près de sept millions et demi de tonnes, et que Marseille ne dépasse pas six millions.

On conçoit dès lors qu'un tel mouvement doit donner la vie à un grand nombre d'industries spéciales. Comme celles qui sont importantes et fructueuses ne manquent ni d'historiens pour les faire connaître, ni d'adeptes pour y tenter la fortune, nous nous rabattons modestement sur celles dont personne ne parle, qui n'éveillent aucune convoitise. Nous ferons, — qu'on nous permette ce mot moderne, — un peu de *tolstoïsme,* en décrivant les métiers peu connus ou inconnus qu'un observateur peut découvrir aisément le long du rivage parisien.

On peut les classer en réguliers et irréguliers.

Nous ne parlerons pas de la batellerie, dont le personnel, — tout un monde, — ne rentre point dans notre cadre; nous ne considérerons que ses auxiliaires, qui présentent des habitudes différentes de celles qu'ont leurs similaires travaillant à terre.

Tous ceux qui travaillent au port, quel que soit leur emploi, sont des réguliers. Tous sont occupés à la manipulation, débarquement et embarquement, des matières lourdes ou encombrantes qui forment la majorité du trafic par eau.

Du haut des ponts nous voyons de gigantesques péniches amarrées au quai, remplies de sable, de cailloux ou de matériaux pour la construction. A côté d'elles, des grues à vapeur allongent leur énorme bras au bout duquel se balancent, suspendues par

Le coltineur franchit d'un pas élastique la passerelle qui relie le bateau à la rive.

leur chaîne, des bennes de fer qui se déversent sans arrêt sur le quai. Au fond de la péniche s'agite un essaim d'hommes, le torse nu ou recouvert d'un court tricot, qui enlèvent avec la pelle le contenu du bateau et en remplissent les bennes toujours en mouvement. Ces hommes sont des *débardeurs*.

Ils n'ont rien de commun, comme aspect et comme costume, avec les personnages joyeux et coquettement parés qui faisaient jadis le fond des bals masqués de l'Opéra. Les nôtres sont de rudes gaillards aux mains calleuses, au visage inondé de sueur, et dont la peau, tannée par le soleil et par la bise, ne laisse échapper que des effluves puissamment odorants.

Le travail leur est payé à la tâche ; aussi leur entrain est-il grand, et ils le soutiennent volontiers par de fortes rasades qui ne sont pas demandées au marchand de coco.

A côté d'eux, presque toujours côte à côte, se voient les bateaux de plâtre et les bateaux de charbon. Les premiers viennent habituellement de Seine-et-Marne, les autres arrivent du Nord. Les mêmes hommes travaillent alternativement aux deux bords.

Lorsqu'ils déchargent le charbon, leur costume est de drap noir et leur enferme le corps le plus possible ; leur cou est entouré d'un mouchoir. Ils se garantissent de leur mieux contre la poussière grasse et pénétrante des houilles qu'ils manipulent. On les appelle alors des « coltineurs », à cause d'une coiffe de cuir qu'ils enfoncent sur leur tête et qui porte par derrière un collet descendant jusqu'à l'épaule, où il se termine par un fort bourrelet. C'est là-dessus qu'ils portent en équilibre des corbeilles d'osier rondes, chargées chacune de cinquante kilos, et que des débardeurs remplissent dans le bateau. A l'aide d'un camarade, le coltineur place d'un mouvement vigoureux sa charge sur son épaule; d'un pas élastique il franchit la passerelle étroite et branlante qui relie le bateau à la rive, puis déverse sur le quai le contenu de son panier, quand il ne le vide pas directement dans les tombereaux du négociant.

S'il en a fini avec le charbon ou si, par suite de presse, le plâtre est plus avantageux, le coltineur devient *malfrat*. Du noir il passe au blanc ; son aspect est alors funambulesque. Autant il se calfeutrait dans ses vêtements en travaillant au charbon, autant, au contraire, il se dégage pour manier le plâtre. En été, il ne garde de vêtements que juste ce que la décence ne lui permet pas de supprimer, et le peu qu'il porte est en toile.

Les bateaux dont il opère le déchargement transportent le plâtre en vrac, c'est-à-dire à même la cale. Il s'agit de le mettre en sacs pour l'apporter sur le chantier où il doit être utilisé. A cet effet, trois hommes sont nécessaires pour former une équipe. Deux descendent dans le bateau, pieds nus afin d'avoir plus d'aisance dans leurs mouvements. L'un prend un sac et le présente ouvert à son camarade, qui le remplit rapidement en deux coups d'une large pelle de bois : le premier ferme vivement le sac d'un habile tour de main, le ficèle et le passe au troisième compagnon resté sur le quai ; celui-ci s'en empare et charge le sac sur les voitures qui attendent. Les mouvements sont si bien combinés, que le travail est accompli en un instant, sans qu'aucun paraisse déployer un effort. Cependant le métier est dur et donne autant soif que celui de coltineur. Qu'elle soit blanche ou qu'elle soit noire, les pauvres gens n'avalent pas moins de la poussière du matin au soir et fournissent, ainsi que dans les métiers analogues, de nombreux candidats à la phtisie, selon l'expression macabre des médecins.

Les femmes elles-mêmes, quelques-unes du moins, participent au travail du *malfrat*. Abritées sous un appenti de planches mobiles, — le service de la navigation n'autorisant pas une installation fixe, — on les voit, groupées deux ou trois ensemble, raccommoder, au moyen de ficelle et d'aiguilles grosses comme des pieux, les sacs éprouvés par la rude manutention qu'ils ont à supporter. Afin de se garantir de la poussière pénétrante, elles s'emmaillottent la tête et le cou de façon telle, qu'on aperçoit seulement de leur personne un peu du visage et deux mains qui s'activent au centre d'un monceau de chiffons autour duquel flotte un épais nuage de plâtre pulvérulent. Elles aussi payent cher le gain élevé que leur procure ce rude travail.

Deux pas plus loin, on butte dans des pyramides de sable accrues sans cesse par l'apport ininterrompu des grues à vapeur. En vain des équipes de sabliers puisent avec leurs larges pelles et chargent de nombreux tombereaux ; il semble que plus il en est enlevé, plus il en arrive. Sur d'autres côtés de la pyramide, d'autres hommes, qui semblent des nains s'attaquant à un colosse, s'agitent pour jeter sur un crible une partie de ce sable et en extraire le gravillon recherché pour certains travaux de cimentage et pour garnir les allées des jardinets de Paris et de la banlieue.

D'autres pyramides plus hautes encore que celles de sable barrent la route au flâneur. Elles sont constituées par la meulière, que des grues tirent du matin au soir des flancs d'énormes péniches qui arrivent du haut de la rivière.

La pierre meulière, que les géologues désignent sous le nom de silex carié, a pris depuis nombre d'années une place prépondérante dans la construction parisienne. Sa dureté, ses rugosités et ses poches nombreuses, dans lesquelles s'insinue le mortier des maçons, rendent son emploi avantageux ; sous une épaisseur réduite, un mur élevé en meulière forme un monolithe d'une résistance extraordinaire. On économise ainsi quelques centimètres de terrain d'un prix toujours très élevé à Paris.

Depuis que les carrières des environs de Paris sont à peu près épuisées du moellon qu'elles produisaient abondamment, c'est la meulière qui fournit en grande partie les matériaux de construction. On la trouve bien un peu partout dans le bassin géologique de la Seine, mais les centres principaux d'extraction se rencontrent en amont du fleuve, dans la région précédant Corbeil et surtout dans la forêt de Sénart. Elle y est exploitée sur une large échelle. Des tranchées d'extraction, elle est amenée jusqu'au bord de l'eau par des wagonnets, qui se déversent directement dans des chalands remorqués jusque sous les infatigables grues du port de Paris.

La meulière, toujours extraite de terrains plus ou moins saturés d'oxyde de fer, emporte dans ses anfractuosités une certaine quantité d'argile dont on la débarrasse grossièrement au moment de l'envoyer sur les chantiers de construction. Il en résulte, sur les points où elle s'entasse, des amas de terre dant il faut se débarrasser sous peine d'être gêné. Même ces détritus ont un emploi et sont recherchés. Les horticulteurs se les disputent pour les faire entrer dans la composition des terres dans lesquelles ils cultivent les plantes de choix. Les jardiniers n'en sont pas moins avides; ils mélangent cette terre généreuse au sol épuisé de leurs plates-bandes; ils leur infusent ainsi un sang jeune, absolument comme on donne une vigoureuse nourrice bourguignonne aux petits Parisiens anémiques.

Ce sont les *meuliers* qui manipulent ces montagnes de pierre rugueuse. Au moyen de crocs emmanchés au bout de longues perches, ils font s'écrouler les amoncellements dangereux; quand les pierres s'étalent sur le sol, ils en remplissent les voitures

affectées spécialement à ce transport. Mais comme la meulière
est pleine d'aspérités qui auraient bientôt fait de blesser les mains

des travailleurs, la plupart glissent leurs doigts dans une gaine
de cuir qui leur permet d'affronter les morsures de la meulière.

Cependant il en est qui, plus endurcis ou plus imprudents, négligent cette précaution salutaire ; ceux-là ne tardent pas à voir leurs mains mises en sang et à être contraints de faire comme leurs camarades.

En remontant le fleuve, au delà des quais encombrés, la berge s'étend sur de longs espaces en une pente douce qui va mourir dans l'eau. C'est là que s'arrêtent les longs trains de bois, bois d'œuvre et bois de feu, qui viennent des forêts du Morvan oú de celles de Lorraine.

Le dépeçage de ces trains, la rentrée en magasin des bois qui les composent, sont de la compétence des *tireurs.* Par tous les temps, qu'il gèle ou que le soleil grille, les tireurs sont là, les pieds dans l'eau, à la main une hache longuement emmanchée, travaillant à démembrer le long radeau flottant venu jusque-là par la seule impulsion du courant. Tant qu'il reste un lien, une attache, ils coupent, ils séparent, et d'un coup adroit de leur longue hache ils rattrapent les pièces que le courant emporte. Il faut les voir, intrépides au milieu de l'eau glaciale, fixer sur les énormes charpentes qui flottent une chaîne à crampon sur laquelle on fait haler un attelage de cinq à six chevaux vigou-reux. Ils manient ces formidables poutres avec une aisance si parfaite, qu'on s'étonne de ne pas leur voir les jambes broyées dans ces dangereuses manœuvres.

En face d'eux, sur le port de Bercy, fonctionnent les *dérou-leurs* qui, tout le long du jour, manœuvrent les tonneaux de vin arrivant par voie d'eau. Ils sont d'une adresse remarquable à déplacer seuls les pièces et les muids remplis de liquide. Mal-heureusement pour eux, le métier se perd de jour en jour. Alors qu'ils allaient jadis chercher dans les bateaux les pièces gerbées et les amenaient sur le quai par un plan incliné, la machinerie s'est substituée à eux; des grues à vapeur plongent jusqu'au fond de la cale leurs chaînes terminées par des mâchoires et en remontent les pièces comme si elles n'étaient qu'un simple colis postal. Le rôle des dérouleurs se borne aujourd'hui à recevoir de la grue les tonneaux et à les disposer, pour les charger, sur les haquets qui les emmènent jusqu'aux chais.

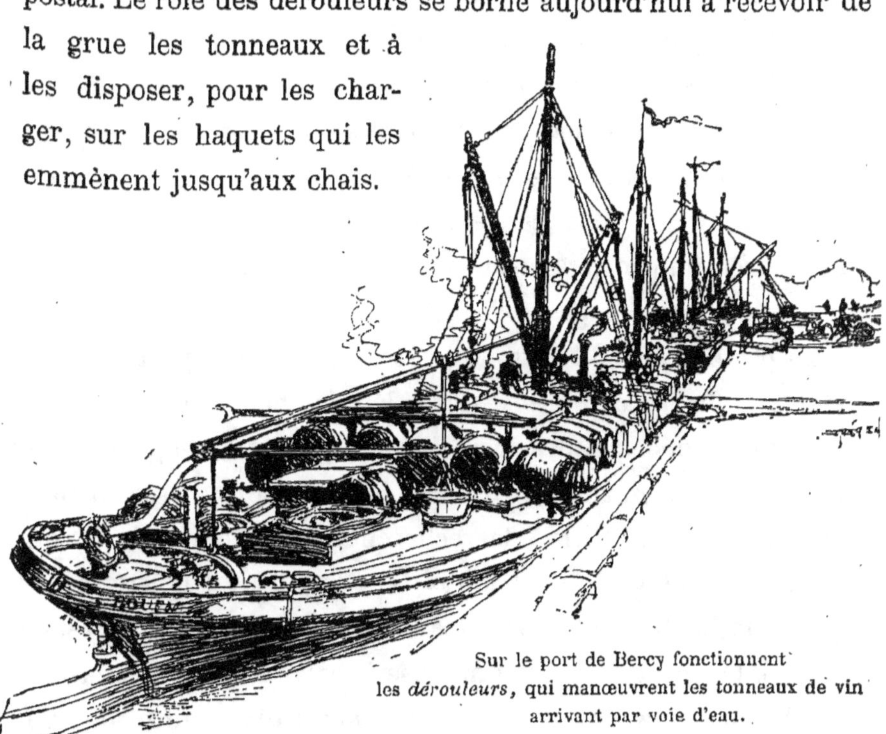

Sur le port de Bercy fonctionnent les *dérouleurs*, qui manœuvrent les tonneaux de vin arrivant par voie d'eau.

Nous ne parlons point des charretiers *bardeurs*, parce que ce sont des ouvriers spéciaux qui viennent seulement sur le port afin de charrier les blocs de pierre de taille envoyés des carrières de l'Oise. Arrivés par l'Oise et le canal, les chalands qui les apportent se rangent à portée de grues spéciales circulant sur des rails. On empile le long du quai les blocs extraits du bateau. Quand il faut les transporter sur le chantier qui les doit mettre en œuvre, des *fardiers* robustes se rangent sous le bâtis de la grue, qui reprend les blocs un par un et les place sur le lourd véhicule. Lorsque la charge est bien calée, bien fixée au moyen de chaînes, six vigoureux chevaux, remarquables par leur docilité autant que par leur force, démarrent la charge et la traînent à travers la ville jusqu'à destination.

Nous ne parlerons pas davantage des forts des ports de Paris : ceux-là aussi sont des ouvriers exerçant un état régulier ; du moins sont-ils occupés habituellement par les compagnies de navigation au chargement et au déchargement des marchandises. Cependant, aux époques de grand travail, on leur donne des auxiliaires qui proviennent généralement de tous les métiers que développe le voisinage de l'eau.

En bas de l'échelle de tous ces travailleurs des ports, on rencontre enfin les *carapatas*. Ceux-là sont bien des accidentels : aujourd'hui déchargeurs, demain chiffonniers, quelquefois meuliers, habituellement hâves et chétifs, ils sont en permanence sur les quais, rôdant à la recherche de quelque gain, évitant soigneusement toute contrainte. Le *carapata* ou haleur a pour spécialité la remorque des bateaux le long des canaux traversant la ville. Quand un de ces immenses chalands doit se mettre en branle, on lance sur la rive un cordage ; dix, quinze ou vingt hommes s'en saisissent et, se raidissant sur leurs jarrets, entraînent la lourde embarcation. Arrivé à destination, le patron paye, selon la distance parcourue, suivant le tarif du port, et les *carapatas* se partagent les quelques sous ainsi gagnés. Ils se remettent de nouveau à l'affût et se chauffent au soleil ou vont se griser en attendant une autre aubaine.

Tous ces travailleurs, quoique tous plus ou moins bohèmes, sont cependant des réguliers. Ces rudes compagnons ne sont pas, — il faut le confesser, — les candidats habituels des prix Montyon ; mais s'il y a parmi eux beaucoup de « pochards », on y rencontre peu de malfaiteurs professionnels. Ce ne sont pas, en tout cas, des « sans travail ». « Malheur ! quel turbin ! » comme ils disent en leur argot. Ils gagnent péniblement leur vie

Dans cette catégorie peuvent être compris les bouquinistes
avec leurs interminables rangées de boîtes.

en répandant des torrents de sueur, qui leur sont payés en moyenne six francs par jour. Mais les chômages sont nombreux, et l'imprévoyance est grande ; aussi la plupart d'entre eux finissent-ils dans la misère la plus profonde.

Indépendamment de ceux sur lesquels nous venons de jeter

un coup d'œil, existe toute une catégorie d'individus qui tirent du rivage leurs moyens d'existence. On pourrait en faire deux classes, presque deux castes : l'aristocratie et la démocratie.

L'aristocratie, elle, ne descend pas jusqu'à l'eau ; elle s'y mouillerait les pieds. Elle se contente d'exploiter, du haut des quais, le spectacle toujours intéressant du fleuve et de son mouvement. Dans cette catégorie peuvent être compris les bouquinistes, avec leurs interminables rangées de boîtes dans lesquelles viennent échouer tous les vieux fonds des encombrantes bibliothèques héritées, les hommages d'auteurs aux critiques littéraires, les rossignols des éditeurs et les épaves des ventes après décès, sans compter les innombrables classiques, dont les « potaches » se débarrassent chaque année.

Malgré leurs soins à en faire un triage profitable, les bouquinistes ne peuvent pas toujours discerner les perles perdues parfois au milieu de tout ce fumier imprimé. C'est dans l'espoir, quelquefois réalisé, de les découvrir qu'on voit tant de curieux, d'amateurs et de connaisseurs, affronter la poussière et le parfum rance qui s'échappent de ces boîtes dans lesquelles ils fouillent avec une ardeur trop peu souvent récompensée.

Les habitués connaissent leur monde. Ils savent que le bouquiniste des quais est un être ordinairement mâtiné de Juif, de Normand et d'Auvergnat, doublé de bohème et frotté d'un peu de littérature, ce qui lui donne généralement une très haute idée de sa valeur personnelle. Comme il n'a pas son pareil pour vendre dix francs le bouquin qui vaut dix sous et pour céder à dix sous l'Alde ou l'Elzévier hors de prix, les chercheurs espèrent toujours réaliser dans leurs boîtes quelqu'un de ces coups fortunés qui mettent la joie au cœur des collectionneurs.

Il en va de même pour leurs cousins germains, les mar-

Armés de cannes d'une longueur formidable, ils plongent leur instrument de mort dans l'eau coulant
à dix ou quinze mètres en contre-bas.

chands de morceaux de musique d'occasion, et pour les étala-
gistes qui exposent sur les parapets des marchandises singulièrement variées.

On y voit des collections de vieux sous et de vieilles mon-
naies à remuer au tas. Les gens qui ont du flair, de la patience
et qui ne sont pas dégoûtés trouvent, paraît-il, de loin en loin,
dans cet amoncellement de vert-de-gris la récompense de leurs
peines.

A côté de ces numismates stationnent les naturalistes. Ils sont
deux ou trois qui, au dire des connaisseurs, ne sont pas dépourvus de valeur scientifique. Géologie, zoologie, malacologie, miné-
ralogie, paléontologie, conchyliologie, bien d'autres branches
encore de l'histoire naturelle ont là des représentants à la disposition des amateurs et des savants.

Il n'est pas jusqu'au commerce d'antiquités qui ne vienne sur
ces fameux parapets offrir de lamentables épaves. Et, s'il est un
étonnement justifié, c'est bien moins de voir tous les objets et
les morceaux d'objets sans nom offerts au public, que de constater l'existence de gens qui donnent de l'argent, du bon argent
bien monnayé, pour avoir le droit d'emporter ces choses auxquelles il est impossible de reconnaître une valeur, un intérêt
quelconque.

Longue comme elle est, la ligne des parapets ne peut être
entièrement occupée par tous ces commerces variés. Alors se
présentent les longues théories de pêcheurs à la ligne, de ceux
qui dédaignent les berges accessibles et les emplacements com-
modes. Ils sont légion certains jours de beau temps ou les
lendemains de paye. Armés de cannes d'une longueur formidable et de force à enlever un vigoureux brochet, ils plongent leur
instrument de mort dans l'eau coulant à dix ou quinze mètres

en contre-bas. Ils suivent avec une patience inlassable les oscillations de leur flotteur, que jamais aucun poisson ne fait basculer. De temps à autre (si l'on en croit les on-dit, car pour notre compte nous ne l'avons jamais vu), en relevant leur interminable ligne un malheureux petit poisson, — quelque écervelé, — se trouve pris au bout. Cela suffit pour amasser autour de l'heureux pêcheur une véritable foule de curieux qui viennent admirer la capture. D'ailleurs, il n'est nul besoin de réussite pour avoir un entourage de flâneurs curieux de voir pêcher, surtout de voir manier les formidables engins qui sont la caractéristique de cette catégorie de pêcheurs.

Ceux-là sont des fidèles de la berge : petits rentiers, employés « en ballade », ouvriers en rupture d'atelier, fonctionnaires libérés de leur accablante besogne bureaucratique, concierges déserteurs du cordon, vous pouvez les voir accourir ponctuels, à l'heure et à l'endroit choisis par eux, déployer leur arsenal et stationner imperturbables, puis, le jour tombé, rentrer bredouilles, incorrigibles, pour recommencer ainsi tant que la pêche reste ouverte.

Les quais ne leur suffisent pas toujours. Sous prétexte que les eaux tournoyant autour des piles de ponts sont recherchées par le poisson, ils s'installent sur le pont même et font tremper de là leur ligne avec la même patience, la même conviction et le même insuccès que du haut des quais.

On prétend, — mais c'est une pure légende, — que certains réalisent de si belles prises, qu'ils vendent leur pêche et se procurent ainsi des ressources qui ne sont pas à dédaigner. Cela est aussi vraisemblable qu'une battue de lièvres dans la plaine Saint-Denis.

Mais quittons ces personnages de l'aristocratie riveraine et

Le « Mail », marché aux fruits.

abordons la démocratie, dont la majeure partie ne compte que des prolétaires. Tout en longeant les quais, nous avons atteint l'antique « Grève », le port primitif de Lutèce, c'est-à-dire la partie du quai s'étendant le long de l'hôtel de ville. Rien ne rappelle le passé disparu, rien hormis le nom attribué au rivage touchant l'ancienne Grève, c'est-à-dire « le Mail ». Suite du port de jadis, le Mail est resté, par déférence pour une vieille tradition, le marché aux fruits; mais il est bien déchu de son importance d'autrefois. Le long du bord sont accostés un certain nombre de chalands abrités par une simple toile jetée à cheval sur des perches; l'arrière s'appuie au quai, tandis que l'avant coupe le courant à angle droit. Un plus grand nombre peut stationner ainsi dans un étroit espace. Tous ces bateaux sont remplis jusqu'au bord de fruits d'hiver, ordinairement des pommes et des poires.

Du mois de novembre au mois de mai, les bateaux qui s'étendaient jadis jusqu'aux extrémités du port des Ormes se cantonnent actuellement au Mail seul, dont la survivance démontre la force irrésistible des traditions populaires.

Jadis, lorsque tout le transport des marchandises et des denrées se faisait par eau, le marché du Mail répondait à une nécessité économique. Aujourd'hui les marchandises vendues sur ce marché fluvial, et principalement les pommes, proviennent pour la plupart de la Bretagne, de l'Anjou et de l'Auvergne, voire même de l'Italie, de l'Allemagne et d'Amérique. Presque toutes les expéditions ont lieu par chemin de fer. Le wagon a déposé ces fruits sur le quai de Charenton, où le chargement s'opère sur bateau. Après un trajet de parfois plusieurs milliers de kilomètres sur rails ou par navires, les pommes achèvent leur voyage par eau sur un parcours de quatre kilomètres. Ce procédé est usité parce qu'il constitue, au profit du vendeur, un artifice suffisant pour attribuer à son chargement les prérogatives dont jouissent les marchandises amenées par bateau, c'est-à-dire le séjour gratuit, pendant plusieurs mois, sur un point de vente frappé de droits de stationnement.

Les Auvergnats et les Bourguignons qui ont la spécialité de ce commerce forment la couche supérieure de la démocratie des rivagiers. Grâce au subterfuge que nous venons de révéler, ils peuvent à fort bon compte réaliser des bénéfices relativement importants. Leur magasin flottant a été acheté à bas prix, parmi les vieilles péniches qui s'abritent dans le petit bras du fleuve; n'ayant point de long parcours à accomplir, il offre une résistance suffisante pour l'usage passif auquel on le destine. Quand les « marchands de quatre saisons » et les ménagères en ont épuisé le contenu, il est remorqué jusqu'à Charenton et revient prendre sa place avec un nouveau chargement. A l'issue de la campagne le bateau est revendu pour opérer le transport d'autres marchandises, si son état est suffisant; si son âge ou son délabrement lui interdisent de prétendre à des destinées meilleures, il est vendu pour être dépecé.

A côté des négociants de la rive, on rencontre les industriels, ou quelque chose d'approchant, en la personne des cardeurs de matelas et des batteurs de tapis. Abrités sous les arches des ponts, les cardeurs organisent là une façon de petite usine où se traitent et s'épurent la laine des vieux matelas, le varech des paillasses populaires et le crin des vieux meubles. Tous les germes morbides des logements parisiens se donnent en quelque sorte rendez-vous en ces endroits privilégiés; et c'est miracle de voir aussi complètement réfractaires à leur influence pernicieuse les travailleurs qui les affrontent si insouciamment. La remarque

est plus frappante encore peut-être pour les batteurs de tapis.
Ils se réunissent à deux pour parvenir à purger de toutes leurs

Installation des coiffeurs de chiens au pont Solférino.

1. En amont. — 2. En aval.

poussières, souvent invétérées, les tapis garnissant les parquets.
Ils jettent à cheval sur un câble la pièce à nettoyer; puis,
s'armant de solides gourdins ou de gaules flexibles, ils battent

l'étoffe jusqu'à ce qu'elle ne rende plus aucune malpropreté. Mais eux seuls peuvent dire ce que leurs malheureux poumons ont absorbé de nuages épais et nauséabonds avant d'avoir atteint un pareil résultat.

Et maintenant, en nous rapprochant encore de la lisière de l'eau, nous nous heurterons aux vrais prolétaires de ces lieux.

Nous circulons et nous buttons dans un amas informe de loques qui s'agite et grogne sous la secousse. C'est un dormeur dont personne, lui moins que quiconque, ne peut préciser la durée de son somme ; il est venu s'écraser là, au pied d'un tas de sable ou de pierres, vaincu par un nombre exagéré de petits verres. Sans souci du voisinage, uniquement préoccupés de recueillir la chaleur des rayons du soleil printanier, des chiffonniers procèdent sur la berge même à leur travail de « triquage » ; ils rejettent les détritus de leur cueillette sans s'apercevoir qu'ils en recouvrent le dormeur obstiné.

Un peu plus loin, un fruitier d'occasion trie soigneusement des tas de légumes de rebut et avariés, ramassés au petit jour sur le carreau des Halles. A côté, deux blanchisseuses amateurs frottent énergiquement, sur les gros pavés de la berge, des chemises douteuses et des chaussettes problématiques. Nous ne les en blâmerons pas, car cela vaut mieux que de ne les laver jamais, ces rivagiers n'ayant pas les moyens d'envoyer leur linge à Londres pour le faire blanchir.

Les plus importants de cette catégorie constituent la corporation des *chienneurs*. A eux les belles installations, la faveur des curieux suivant du haut des ponts chacun de leurs mouvements, à eux les relations avec les gens du grand monde.

Ceci n'est pas une plaisanterie. Ils sont deux ou trois qui ont

pignon sur rue, non, sur quai, et qui voient leur établissement
fréquenté par... les chiens de la bonne société. Installés sur la
berge avoisinant les quartiers riches, ils possèdent tout un
matériel d'aspect cossu pour la tonte et le lavage des chiens.
Des baquets peints en rouge éclatant, cerclés de noir intense,
s'alignent sur le bord : les uns contiennent une eau de savon
noir, d'autres l'eau de rinçage; il y en a de spéciaux pour les
bains sulfureux et antiseptiques. Dans une vaste terrine, des
brosses de chiendent et des éponges; puis, sur des cordages
tendus par des piquets, sèche le linge qui a servi à ces messieurs.
En un mot, toute une hydrothérapie canine. Puis, alignées con-
fortablement, des chaises pliantes, aux couleurs de la maison,
avec des tapis devant, afin que les belles dames et les beaux
messieurs dont les animaux sont « en mains » puissent suivre
à leur aise les phases de la baignade ou de la tonte.

Il en est même qui poussent plus loin le raffinement : une
tente ou du moins un abri offre aux clients son ombre appréciable. Parfois un bateau est amarré au bord et recouvert d'une
toile soutenue par des cercles; c'est l'atelier où, loin des causes
d'énervement et de distraction, l'opérateur travaille et épargne
au sujet comme à lui les morsures du soleil. Car, — on le comprend, — les affaires des chienneurs prospèrent surtout pendant
la belle saison.

Nous ne nous étendrons point sur les diverses manifestations
de leurs ciseaux, ces *artistes* ayant, comme leurs confrères
capillaires, des prétentions au talent; mais si vous possédez un
chien et surtout un caniche, ils vous offriront le choix de la
coupe entre le « manteau », le « lion », les « cadenettes », les
« moustaches », les « bracelets », les « macarons » et peut-être
d'autres encore. Tous ceux qui flânent un peu en désœuvrés ou

en philosophes attentifs à ce qui frappe leurs regards savent avec quels soins minutieux les toutous bourgeois sont savonnés, rincés, essuyés, — nous allions dire pommadés, — par ces artistes de la berge. Il le faut, d'ailleurs, pour répondre à la sollicitude des propriétaires anxieux et inquiets au cours de l'opération, pour ne pas perdre la clientèle.

Plus bas, ramassant en quelque sorte les miettes de ces seigneurs, la berge donne asile aux simples baigneurs de chiens. Là, plus de ces établissements confortables, presque luxueux, de tout à l'heure. Le chienneur prolétaire possède pour tout matériel, — quand il le possède ! — une brosse et un morceau de savon noir. Il se met en quête des petits bourgeois soucieux de la santé de leurs animaux, mais plus soucieux encore de leur bourse, qui ne sont disposés ni à s'immerger dans l'eau jusqu'à mi-corps, ni à débourser les deux ou trois francs que coûtent certains bains de l'aristocratie canine. Moyennant cinquante centimes ou un franc, suivant la classe de l'opération, le chienneur s'empare de l'animal et, malgré sa résistance parfois désespérée, l'entraîne à l'eau, le maintient entre ses jambes comme dans un étau et le couvre bientôt d'un manteau savonneux. Après un rinçage convenable la victime est relâchée, et il est bien rare que, dans la joie de se sentir libre, elle n'aille pas, en signe d'affection, asperger son maître en secouant contre lui sa toison toute trempée.

Dans la belle saison et si la chaleur persiste, grands et petits baigneurs ont souvent fort à faire ; c'est autant de concurrence de moins pour les palefreniers amateurs qui s'offrent pour la baignade des chevaux. Ces volontaires, qu'on froisserait profondément en les appelant autrement que « palfermiers », évitent aux cochers de bonne maison, ordinairement ennemis déclarés

de l'eau, le désagrément de se mouiller pour assurer à leurs
bêtes le bénéfice d'un bain hygiénique. Vêtus seulement d'un
pantalon dont les jambes sont elles-mêmes retroussées jusqu'au
haut des cuisses, ces demi-centaures du rivage enfourchent les
carrossiers qu'on veut bien leur confier et les poussent à l'eau,
ce qui n'est pas toujours commode. Il y a quelquefois une lutte

Après un rinçage convenable, la victime est relâchée.

sérieuse et prolongée entre l'homme et la bête. Celle-ci finit
toujours par être vaincue ; mais, pour profiter de sa victoire, le
cavalier doit maintenir le cheval à l'eau durant un certain temps,
malgré l'état de transpiration où l'a mis la résistance de la bête.
Le profit n'est pas élevé ; en revanche, les chances de congestion
pulmonaire sont nombreuses pour le baigneur.

S'ils ne devaient compter que sur les chevaux de bourgeois,
les pauvres diables risqueraient de faire maigre chère. Heureusement pour eux qu'ils ont aussi comme clients les charretiers
conduisant les gros chevaux de trait. Comme ces automédons

éprouvent pour le liquide du fleuve une antipathie encore plus prononcée que les cochers bourgeois, que d'ailleurs ils manquent de la souplesse indispensable à ce genre d'exercice, ils se font suppléer moyennant quelques sous et ont pour récompense de leur générosité le spectacle de la satisfaction éprouvée par leur attelage à barboter dans l'eau fraîche.

Pour être rivagier on n'en est pas moins homme, et, comme tel, soumis aux tentations qui assaillent notre pauvre espèce. La coquetterie, oui, la coquetterie, est l'une de celles à laquelle succombe le plus volontiers le prolétaire du bord de l'eau. Hâtons-nous de dire pour sa décharge, — et il a besoin d'indulgence, de beaucoup d'indulgence! — qu'au lieu de lui imputer en mauvaise part ce penchant, il faut l'en complimenter. Il a le goût de la coquetterie et d'une certaine propreté, en dépit de ses haillons. Il a un faible prononcé pour les soins du barbier. On s'en rend aisément compte en songeant à tout ce que peuvent abriter une chevelure et une barbe hirsutes trop longtemps négligées, et au bien-être résultant d'une coupe sévère au moment des chaleurs. Or, comme à côté de toute passion humaine il se trouve invariablement quelqu'un pour l'exploiter à son profit, les rivagiers attirent auprès d'eux des barbiers ambulants, « Figaros » sans emploi ou travaillant au rabais, qui, les beaux jours venus, s'installent sur la berge, offrant leur rasoir et leurs ciseaux à qui veut en user.

Ici, les « salons » de coiffure sont d'une aimable simplicité et échappent assurément à toute tentative d'impôt somptuaire. Les raffinés choisissent l'abri fourni par un arbre du quai plus feuillu que ses voisins. Les fauteuils? on les remplace si bien par deux pavés superposés, que nul ne songe à réclamer un siège plus confortable. Le linge n'est pas indispensable quand on n'est pas un sybarite; d'ailleurs, ceux qui sont gâtés par l'habitude du confort peuvent attacher autour de leur cou leur mouchoir au préalable lavé à la rivière. Moyennant un sou on leur promène parcimonieusement sur la face un morceau de savon blanc ; on remplace le blaireau des grands faiseurs par le revers de la main, et, en trois ou quatre coups de rasoir, les barbes les plus rebelles ont disparu.

Si l'artiste capillaire doit s'attaquer à la toison du client, le prix est plus élevé. Une coupe de cheveux ne se paye pas moins de dix centimes. Il ne faut pas, par exemple, s'attendre à la voir précédée d'un *shampooing* parfumé ni suivie d'une frisure au petit fer. Les choses se passent plus simplement : on promène sur la tête du client une tondeuse énergique qui le dote en un instant d'une coupe « à l'ordonnance » où l'on voit bien de distance en distance quelques escaliers pratiqués dans la chevelure; mais baste ! pour dix centimes !

Après la barbe, après la coupe, l'eau est laissée à discrétion au client. Elle coule à pleins bords.

Le commerce est actif et la concurrence acharnée. Songez donc ! il en est qui, pour les mêmes prix, fournissent le linge. Ce n'est pas un leurre, car on le voit sécher à côté des clients quand un certain nombre de visages essuyés avec la même serviette ont fini par trop la mouiller. Aussi la clientèle afflue dans ces établissements de luxe et attend patiemment que s'écoule la traditionnelle « petite minute » du coiffeur.

Et pendant que chacun guette le moment de passer à son tour, on entend s'approcher un cri bien connu dans ces parages :

« La goutte ! la goutte ! qui veut la goutte ? »

C'est le marchand de « petit noir », une providence pour les gens du quai.

A un bras est suspendu un panier rempli d'une collection de bouteilles renfermant des liquides de diverses couleurs, poisons variés dont on se montre extrêmement friand dans le monde où nous sommes en ce moment. L'autre bras porte un cylindre de fer-blanc, qui est un fourneau où se confectionne le simili-café connu parmi le peuple sous le nom de « petit noir ».

Moyennant dix centimes, le client a droit à un bol d'un liquide brunâtre, chaud, dans lequel on jette un atome de sucre, et qui représente, de loin, une tasse de café noir. C'est fréquemment le déjeuner, le lunch, la collation du travailleur au dehors. Mais, en dépit de son habitude et de son indulgence, le cher « petit noir » étant généralement trouvé d'une saveur insuffisante, le travailleur le « corse » d'un petit verre. Moyennant un supplément de cinq centimes, on lui verse un minuscule godet d'un liquide décoré du nom de « cognac », qui n'a absolument rien à voir avec la ville d'où l'eau-de-vie tire son nom. C'est tout simplement une épouvantable mixture de mauvais alcool, de poivre et d'une pointe d'acide sulfurique qui est fort appréciée dans le monde des buveurs de goutte, parce qu'elle possède la propriété si recherchée de fortement gratter le gosier.

Or, nos rivagiers ayant le palais insensibilisé par l'abus de ces liquides pernicieux, le marchand de « petit noir », qui possède dans son panier le talisman seul capable de réveiller leur goût émoussé, est un de leurs amis. De tous les rivagiers c'est le plus apprécié, celui qui, à défaut de fortune, a le plus de chance de « faire sa journée », car tous sont ses tributaires empressés. Ainsi que ses clients, lui aussi prise beaucoup trop ses produits; il a le tort de recourir bien davantage au réconfort de ses bouteilles qu'à celui de son inoffensif « petit noir », ce qui l'enferme dans ce cercle vicieux de boire ses bénéfices au fur et à mesure qu'il les réalise et de manquer du petit fonds de roulement nécessaire à la prospérité de son commerce.

Le Point-du-Jour.

Nous pourrions encore présenter d'autres esquisses de cette population spéciale, si nous voulions épuiser les types de rivagiers. Ceux dont nous venons de parler sont de Paris, mais la race s'étend au delà de l'enceinte urbaine; elle fleurit surtout dans la banlieue aquatique fréquentée par les Parisiens. Parmi eux se rencontrent toutes les industries les plus étranges, les consciences les plus larges et souvent aussi les casiers judiciaires les plus opulents. Presque tous sont d'invétérés braconniers de la plaine et de l'eau, mais ils n'ont point leurs pareils pour se procurer au moment désiré la matelote ou la friture chère aux promeneurs du dimanche. Ils possèdent pour cela des secrets et des procédés restés longtemps mystérieux, mais qui ont pour base l'emploi judicieux du « ver de vase ».

« Ver de vase? »

L'interrogation seule prouve que vous n'êtes point pêcheur; et, prenant en pitié votre ignorance, nous allons vous initier au moyen qui procure tant de délectables jouissances aux adeptes de la ligne.

Si vous ne connaissez pas le « ver de vase », du moins vous connaissez, ne serait-ce que par leurs cuisantes piqûres, les moustiques, ou, si vous préférez, les cousins, qui abondent dans le voisinage de l'eau. Le ver de vase n'est autre que la larve de cette désagréable bestiole. C'est une sorte de petit scolopendre d'un rouge vif, très frétillant, de la grosseur d'un fil fort, et dont les poissons se montrent extraordinairement friands, plus encore que du classique asticot.

Le pêcheur, qui appartient à un genre que rien ne lasse ni ne rebute, garnit ses hameçons de vers de vase enfilés sur la pointe, et, s'il sait s'y prendre, peut espérer de satisfaisants résultats. Il y a donc de ce fait sur la place de Paris, — en langage de négoce, — une forte demande de vers de vase. De là, tout un commerce et une industrie pour alimenter ce besoin piscicole. Les rivagiers de la banlieue s'en chargent et, pour cela, se mettent en chasse sitôt la saison venue.

Au moment de la ponte, les « cousins » déposent leurs œufs sur les plantes aquatiques garnissant les anses et les petites criques des cours d'eau. Nos gens explorent surtout la Seine et la Marne, fort riches tous deux en refuges propices à la propagation des cousins.

Les œufs sont réunis par colonies sur des espaces restreints, ce qui rend leur récolte fructueuse, à condition de savoir exactement la région où les vers incubent et le moment précis où ils naîtront. Un jour de retard, et le flot les enlèvera, ou bien les vers se réfugieront dans la vase, et ils seront perdus.

Il faut donc que le chasseur, à l'époque des pontes, suive du regard les essaims, surveille l'endroit où ils vont s'abattre le soir, et sache le jour où les femelles ont pondu. Comme l'on peut voir, une observation très minutieuse est nécessaire.

Nous venons de dire qu'en s'enfonçant dans la vase les vers étaient perdus. Ils le seraient, en effet, si les pauvres diables qui courent après leur pain quotidien n'avaient à leur disposition les ressources de leur sagacité, de leur ingéniosité, de leurs ruses.

Les vers ont disparu ; ils sauront bien les reprendre. Montés sur des bateaux, ils explorent les bancs de vase formant des hauts-fonds dans la rivière ; armés d'une drague emmanchée d'une longue perche, ils puisent une pelletée de cette vase visqueuse, la déversent dans une passoire fine et la lavent. Les particules alluvionnaires passent à travers l'instrument, qui retient sur la toile dont est formé le fond les larves savoureuses.

La récolte est toujours retenue d'avance par les marchands

d'asticots, et, comme la marchandise est très recherchée, elle subit de grandes variations de prix. C'est à se demander parfois s'il n'existe point, sur le ver de vase, quelque *trust* puissant, comme il s'en forme aux États-Unis sur le pétrole, le coton, l'or et les chemins de fer. En tout cas, s'il existe, ce n'est pas au profit des extracteurs. Leur métier est pénible; mais les « Bas-de-cuir » qui vivent de la rivière ne regardent pas trop à leur peine, car l'industrie du ver de vase est une des plus productives parmi toutes celles, bizarres ou intermittentes, qui éclosent le long de la Seine.

L'ART

D'UTILISER LES RESTES

On pourrait dire : « l'art *de servir* les restes, » avec autant et même plus de raison que le petit livre de cuisine qui a popularisé cette formule. Et ce n'est exagérer en rien l'emploi de l'expression que de considérer comme un art l'ingéniosité merveilleuse avec laquelle sont utilisés, sous leur forme première ou transformés, les détritus sans nombre qui résultent des agglomérations urbaines.

Qu'on prenne le premier objet venu, au hasard, dans le tas des immondices jetées à la rue, et tout aussitôt on verra surgir une industrie qui y puise les éléments de son existence. Vieux chiffons, ferraille, meubles, habits, papiers, os rongés, vaisselle cassée, mèches de cheveux arrachés par le peigne, vieilles graisses, charognes puantes, et bien d'autres dont l'énumération serait interminable, tout, absolument tout, est la matière d'un travail nouveau, étrange parfois, toujours ingénieux, qui reprend la substance de l'objet et la lance de nouveau dans la circulation sociale.

Le point initial de toutes ces industries du renouveau, la

fontaine de Jouvence qui leur rend la jeunesse, est simplement la hotte du chiffonnier.

Nous disons la hotte du chiffonnier pour employer un terme usuel, car ce type classique des grandes cités a, de même que toutes choses, subi des transformations et obéi de gré ou de force à la loi de progrès qui entraîne le monde dans son irrésistible courant. La hotte du chiffonnier a disparu ou à peu près, remplacée par « la poubelle »; c'est à peine si quelques individus, plus indépendants ou rebelles aux institutions nouvelles, ont gardé le « cachemire d'osier » de leurs devanciers.

Si intéressante qu'en soit l'étude, en dépit des apparences, nous ne relancerons pas aujourd'hui dans leur milieu les membres de la corporation; nous nous contenterons de regarder où aboutit le fruit de leurs récoltes vagabondes.

A tout seigneur, tout honneur! Le chiffon ayant servi à désigner toute une classe d'individus, nous commencerons par lui nos investigations.

En remontant dans son histoire, on constate que le chiffon, le pacifique chiffon, le chiffon dédaigné, a un passé singulièrement mouvementé; il a eu des crises terribles à traverser depuis le moment où, reconnu propre à la fabrication du papier et chargé seul d'alimenter cette industrie, il a fait l'objet des convoitises des fabricants français et étrangers. Nos nationaux se plaignaient déjà, sous Louis XV, de la pénurie de matière première, et commencèrent dès cette époque à entraver le commerce d'exportation des chiffons. En dépit des restrictions mises à leur industrie, les chiffonniers parvinrent à la rendre florissante, jusqu'au moment où de nouvelles mesures rendirent impossible la sortie du royaume de toute matière propre à la fabrication du papier.

Avec 1789, commença pour les chiffonniers une ère de liberté et de prospérité qui se prolongea sans arrêt jusqu'en 1860. A ce moment les protectionnistes tentèrent un nouvel effort pour empêcher la sortie des chiffons.

« Si vous jugez que notre marchandise est une matière industrielle assez précieuse pour être exclusivement réservée à la France, payez-la au même prix que les étrangers, » dirent triomphalement les chiffonniers aux papetiers, leurs persécuteurs depuis cent cinquante ans.

Le législateur, sagement inspiré, n'a donné gain de cause complètement à aucune des deux parties. Il s'est borné à endiguer l'exode du chiffon français en le frappant d'un droit de sortie modéré, que les intéressés ont souvent essayé de faire modifier dans le sens de leurs intérêts, mais qui a fini par disparaître en 1879.

A l'heure présente, le chiffon, jadis seul employé dans la confection du papier, ne saurait suffire à alimenter l'industrie puissamment développée de la papeterie. Son prix et sa rareté relative le font réserver pour les papiers de luxe; le bois et la paille sont les matériaux d'où l'on tire les trois quarts des papiers actuellement en usage. On conçoit donc que le chiffon est une denrée précieuse, et l'on s'explique aisément le soin apporté à sa récolte.

On a calculé que Paris seul jette quotidiennement au tas d'ordures pour une valeur de cinquante mille francs de chiffons qui sont recueillis par plus de cinq mille chiffonniers. A première vue, il semblerait que le gain de ces derniers doit être magnifique; mais cette valeur est celle de la marchandise arrivée à son plus haut point par la série des manipulations qu'on lui fait subir; en réalité, pour le chiffonnier, elle est à peine du quart de cette somme. Toutefois, comme l'opération se renouvelle durant tout le cours de l'année, on peut dire que, de ce chef, la corporation des chiffonniers créa à Paris, annuellement, une valeur qui dépasse dix-huit millions de francs.

C'est bien autre chose si l'on veut se rendre compte de ce qu'est, pour la France entière, l'industrie du chiffonnage. On a calculé que chaque habitant met au rebut huit kilogrammes d'étoffes diverses par an: vêtements de toute espèce, soit en laine soit en fil, débris d'ateliers de tailleurs et de couturières, déchets de tapisseries provenant des voitures et des wagons de chemins de fer. En accordant à ces rebuts une valeur de cinquante centimes par kilogramme, on constate que les trente-six millions d'habitants qui peuplent la France produisent annuellement pour plus de cent quarante millions de francs de chiffons. Mais sur cette masse énorme, — à peu près deux cent quatre-vingt millions de kilogrammes, — le chiffon de linge n'entre que pour une proportion minime. On estime que le monde entier ne fournit pas annuellement plus de huit cent mille tonnes de chiffon de linge. Comme le chiffon n'entre dans la fabrication générale du papier que dans une proportion un peu supérieure au tiers, on voit combien cette matière première a de prix.

Qu'ils soient de linge ou d'étoffe, les chiffons ramassés dans la rue par le coureur, ou achetés à la ménagère par le fripier, sont classés suivant leur qualité et employés à des usages divers. Les chiffons de fil et ceux de coton vont à la papeterie; ceux de laine et ceux de soie vont à l'effilochage. Mais, avant d'atteindre leur destination dernière, ils ont à franchir plus d'une étape.

Pour les parcourir, nous demandons au lecteur de nous

Un chiffonnier.

suivre dans les excursions que nous eûmes à faire précédemment en débutant dans l'étude de l'industrie stercoraire de Paris, et d'emprunter dans ce but aux *Métamorphoses d'un chiffon*[1] une page ou deux qui leur montreront la distance qui sépare la loque informe ramassée dans la rue de la feuille élégante et parfumée dont les coquettes raffinées se servent pour leur correspondance.

Nous apprendrons ainsi ce qu'il faut entendre par la grande et la petite « chiffe », termes désignant les diverses catégories de l'industrie du chiffon.

La grande « chiffe », ce sont les négociants en chiffons, personnages riches et bien posés, fournisseurs ordinaires des usines de transformation, papeteries, filatures, fabriques de draps, etc. Ils sont alimentés par les « marchands », commerçants en demi-gros, qui achètent aux « biffins » de toute catégorie, lesquels composent la petite « chiffe ».

Le « négociant » entasse souvent dans ses magasins d'énormes quantités de marchandises déjà classées par les « marchands ».

Le premier triage du marchand ne suffisant pas, il faut y procéder de nouveau. Quand ils arrivent sous les vastes hangars du négociant, les ballots sont ouverts et distribués à une véritable ruche d'ouvrières, qui les secouent sur des tables grillagées pour les débarrasser de leurs plus grosses poussières, et les classent en « drilles », en « peilles » et en « boulongeons ».

Les « drilles » sont les marchandises que les usines emploient sous les dénominations de « blanc fin de fil », « blancs ordinaires » et « cotons blancs ». Les « peilles » donnent les « chiffons de couleur » et certains « bulles ». Les « boulon-

---

[1] *Les Métamorphoses d'un chiffon*, par Paul Bory. 1 vol. in-8°, chez Paillart, éditeur à Abbeville.

geons » se composent des matières de rebut et des « emballages ».

L'entrée dans ces diverses classes dépend beaucoup de la provenance, car les « négociants » ne tirent pas leurs marchandises de Paris seulement; ils en reçoivent de la campagne, et ils en font venir de l'étranger.

En général, les chiffons recueillis dans les grands centres de population sont plus fins et plus blancs, mais ils manquent de solidité. L'emploi des lessives trop fortes altère rapidement le linge des citadins et le déprécie même à l'état de déchets.

Les chiffons de campagne, au contraire, sont grossiers, d'un aspect plus grisâtre; mais ils ont du corps. L'usage encore persistant de l'antique lessive aux cendres de bois a pour effet de ménager davantage le fil. En outre, ils contiennent beaucoup de pièces de raccommodage presque neuves. Toutes ces conditions les font grandement apprécier des papeteries. Ce sont les plus recherchés.

Ces deux sources étant loin de suffire à l'alimentation des papeteries, l'étranger expédie également sur le marché le produit de ses « cueillettes ». Mais comme avec ces chiffons pourraient s'introduire des germes de maladies contagieuses, la douane leur impose une désinfection préalable.

C'est une opération longue et relativement coûteuse; aussi les négociants ne prennent-ils le chiffon étranger qu'à défaut du chiffon indigène. Celui-ci manquant toujours, malgré l'usage croissant du linge, il leur faut bien accepter, plus qu'ils ne veulent, le concours de l'étranger.

Arrivés à la papeterie, les chiffons sont encore une fois *triés*, puis *délissés,* c'est-à-dire séparés suivant leurs qualités et débarrassés des corps étrangers qu'ils peuvent contenir: boutons, crochets, agrafes, œillets de corsets, caoutchouc, baleines, etc.

Ils sont ensuite battus, nettoyés, blanchis et défilés, puis réduits
en une pâte qui constituera, seule ou associée à des produits
celluleux divers, la matière du papier.

Les chiffons de laine, qui étaient largement utilisés pour

Le triage du chiffon.

faire les « pliages communs », ont aujourd'hui une autre destination ; ils vont aux usines d'effilochage.

Les premiers essais de cette nouvelle industrie se montrèrent
il y a soixante ans. Ainsi que la plupart des industries, elle
fut le résultat d'une découverte fortuite. Du département de
Maine-et-Loire, où elle prit naissance, elle se répandit promptement. L'Angleterre s'y adonna une des premières et lui a donné

un développement si considérable, que des contrées entières ne vivent que de cette industrie. En France, son centre le plus important est Vienne, dans le département de l'Isère.

A partir du jour où l'on reconnut la possibilité de transformer les lambeaux de laine de toute nature en un nouveau textile, l'effilochage prit une importance telle, qu'il en résulta une révolution dans l'industrie du chiffon et dans celle du vêtement. Grâce aux machines ingénieuses appliquées à ce travail, on fabrique des draps neufs, superbes, solides, « magnifiques et pas chers, » avec tous les débris d'étoffes de laine qu'on transforme en « laine Renaissance ».

Ces débris sont triés, nettoyés, cardés à nouveau, puis filés et tissés. C'est la métempsychose de la défroque humaine.

L'invention de l'effilochage a eu pour effet naturel de faire hausser considérablement le prix des chiffons de laine et de faire baisser dans des proportions énormes le prix des vêtements.

Tel est le secret des séduisants « complets » à quinze et dix-huit francs, qui s'étalent aux vitrines éblouissantes des somptueux magasins de « confections pour hommes ».

La soie elle-même subit maintenant le même traitement; seulement, comme l' « article » n'est pas encore populaire, la soie effilochée est principalement réservée pour la confection d'étoffes composées pour partie de laine, avec laquelle elle se marie le plus heureusement du monde.

Voilà, ce nous semble, des faits qui sont bien de nature à éveiller l'attention sur les « chevaliers du crochet ». Toutefois ce n'est pas tout ; ce n'est même que le commencement. Ils ont su rendre utilisables jusqu'aux débris de papier provenant de cette fabrication première. Le papier fin est toujours recherché des papetiers, qui l'envoient à la pâte neuve ; mais jusqu'à ces dernières années les vieux journaux, pour la plupart fabriqués avec de la pâte de bois, ne valaient point la peine d'être recueillis, tant est bon marché la cellulose à ouvrer. Aujourd'hui tous les détritus imprimés, même ceux qu'on extrait des monticules d'immondices, ont leur emploi industriel. Réduits en une pâte infecte et associés aux résidus de fabrication courante, ils sont convertis en confettis et en serpentins ; ils sont coulés en feuilles de carton formant l'âme des tickets de chemins de fer. On en fabrique encore du papier de couleur pour les affiches ; on en fabrique surtout du carton commun, du carton-pâte avec lequel on confectionne des ornements pour les plafonds d'appartements et des moulures pour la décoration des cadres. Ils constituent aussi l'élément essentiel du « papier mâché », avec lequel on produit ces « poupards » hideux, que l'on vend deux sous dans les bazars, ces chevaux en carton et ces jouets à bas prix qui apportent tant de joie aux enfants des pauvres familles.

On emploie encore le papier mâché pour la fabrication de l'article « laque », c'est-à-dire les services de table, les plateaux, les corbeilles, les ramasse-miettes, les brosses, les ronds de serviette, les coffrets, les boîtes à bijoux, à mouchoirs et à gants, les tabatières, les étagères, les guéridons, les services de fumeurs, les articles de ménage ; seaux, pots à eau, en un mot ces mille objets qui, sous le nom d'articles du Japon, sont tout simplement de la pâte de vieux papiers triturée, pressée dans des moules, puis recuite et vernie.

On va même plus loin. En soumettant cette matière de rebut à l'action d'une presse hydraulique d'une force de huit cents à mille tonnes, on la moule en roues de wagons qui ont une solidité, une durée et une élasticité que le métal ne présente point.

Enfin, un des principaux emplois des résidus de papier ainsi traités, consiste dans la confection des boutons de bottine. Les boutons en carton sont les plus solides et les plus beaux; leur supériorité sur ceux fabriqués en toute autre matière est telle, que des usines importantes comptant jusqu'à dix-huit cents ouvriers ne se livrent point à d'autre travail.

L'art d'utiliser les restes est poussé si loin, que récemment encore on récoltait les vieux livres, les vieilles impressions de toutes sortes, pour, avant de les mettre au pilon, récupérer l'encre d'imprimerie qui couvrait leurs feuillets. Au moyen d'un lavage chimique, le noir de fumée, base de ces encres, était repris et broyé de nouveau avec des huiles à bas prix pour faire des encres d'impression communes. Aujourd'hui que les matières premières sont à des cours beaucoup moins élevés, ce traitement n'est plus avantageux.

Après le chiffon et le papier, c'est peut-être le verre qui donne naissance au plus grand nombre de métiers imprévus. Quelle maison n'est pas, à un moment donné, plus ou moins encombrée par l'amoncellement des bouteilles cassées qui remplissent la cave? On ne sait comment s'en débarrasser. Heureusement que la providence se présente de temps à autre sous les traits d'un pauvre homme traînant par les rues une petite voiture à bras, dans laquelle on se trouve heureux de déverser ces débris gênants. Cet envoyé béni est un modeste « biffin », qui trouve son compte à ce qui fait notre embarras. Rentré dans son bouge, l'homme fait le triage de ce pêle-mêle abominable; d'un côté il entasse les débris de vitres, de l'autre les éclats de cristal, ailleurs les tessons et les fonds de bouteilles. Lorsque ces tas divers auront pris quelque importance, il ira les porter chez un négociant, qui les revendra à son tour aux verreries.

Le « groisil », — les verriers nomment ainsi les débris provenant des chiffonniers, — est employé pour la fabrication des bouteilles, des vitres et de la gobeletterie ; il est mélangé au verre neuf dans une proportion dépendant de sa nuance plus ou moins foncée.

Le lavage du verre.

Lès spécialistes qui centralisent la récolte des chiffonniers ont des stocks assez considérables pour représenter vingt, trente, jusqu'à quarante mille francs de cette matière dédaignée. Mais ils se livrent à ce commerce dans des proportions telles, qu'ils le transforment en une véritable industrie.

Tout le verre cassé tire sa valeur du soin avec lequel il est classé suivant sa nuance et débarrassé de ses impuretés. Dans les établissements dont nous parlons, une armée de femmes est occupée au triage et au nettoyage de tous ces débris. Après avoir été soigneusement classé, le verre est lavé dans des baquets remplis d'eau bouillante ; au moyen de râteaux il est agité sur un tamis métallique laissant passer toutes les impuretés, puis rincé plusieurs fois, parfois vérifié pour un nouveau classement. Rien n'est curieux comme de voir ces femmes manier avec une dextérité merveilleuse tous ces dangereux débris. Toutefois, en dépit de leur adresse, des accidents graves se produisent quelquefois.

A leur tour, les culots de bouteilles et les tessons de verre grossier ont une destination particulière. Ils sont pilés, criblés avec soin ; la poudre qu'ils produisent sert à couvrir des feuilles de vieux registres qu'on enduit d'une colle spéciale, et donne ainsi le papier de verre, très employé dans l'ébénisterie et ailleurs pour le polissage du bois et des métaux tendres.

A Paris seulement, la consommation de ce papier dépasse cent mille feuilles par jour.

Ce n'est pas tout.

A côté du verre cassé, nos maisons se remplissent quotidiennement de flacons et de fioles de tout genre, provenant des pharmaciens, des parfumeurs ou des produits variés que le commerce sait si bien faire pénétrer presque malgré vous dans votre intérieur. Toutes les formes, toutes les contenances se coudoient dans une promiscuité fâcheuse pour la bonne tenue de nos demeures ; il n'est personne qui ne pousse un soupir de soulagement le jour où il voit ses armoires vidées de cette encombrante verrerie.

Des industriels avisés se sont rencontrés qui convertissent en Pactole toute cette arlequinade de fioles. Ils recueillent soigneusement tout ce que vous dédaignez, et remettent en circulation tous ces réprouvés, en les appareillant, en les classant d'une façon très curieuse.

On sait que toutes les fioles et les flacons employés en pharmacie sont soufflés mécaniquement dans des moules qui leur assurent une contenance régulière, laquelle d'ailleurs est indiquée en relief sur le fond du flacon : vingt, trente, cinquante, cent, deux cents grammes et au-dessus ; de sorte que le pharmacien n'a point à hésiter dans le choix de la bouteille qu'il doit remplir. D'autre part, les parfumeurs, les marchands de spécialités comestibles ou pharmaceutiques, commandent aux verreries, pour contenir leurs produits, des récipients de forme particulière portant leur nom et leur marque de fabrique moulés dans la pâte.

Les « laveurs de bouteilles » entreprennent la récolte de tous ces vases variés. Après un nettoyage soigneusement exécuté, ils les rangent par catégories bien distinctes dans des cases séparées dont l'examen est précieux pour apprécier à leur juste valeur le mérite des produits qu'ils ont contenus. Suivant l'importance du stock de chaque nom, il est facile de juger du plus ou moins de succès commercial de la denrée.

Quand il a réuni une certaine quantité de chaque espèce de bouteilles, le laveur se présente chez l'industriel dont elles portent le nom, et lui en propose le rachat à des conditions plus avantageuses que l'acquisition de flacons neufs.

S'il bornait là son métier, le laveur de bouteilles exercerait un commerce ne donnant lieu à aucune critique. Il n'en est pas toujours ainsi ; ses meilleurs bénéfices proviennent même de la revente de flacons authentiques à des industriels peu scrupuleux, qui enferment des produits inférieurs dans des vases portant des marques de fabrique respectables. Ils vendent ainsi au public peu méfiant des contrefaçons malhonnêtes.

Quelqu'un de nos lecteurs a-t-il jamais vu un chiffonnier vider la hotte ou les sacs contenant le produit de sa récolte ? ou, s'il l'a vu, a-t-il jamais eu le courage de surmonter l'impression produite par un pareil déballage, et a-t-il éprouvé assez de curiosité pour en examiner le contenu ?

C'est peu probable. Mais s'il a eu ce courage et cette curiosité, il a dû être stupéfait par la diversité des produits de cette récolte. Il y a de tout. Indépendamment des chiffons souillés et des papiers immondes, on y voit des bouchons, des vieilles boîtes de conserves, des éponges, des tignasses de cheveux emmêlés, des croûtes de pain, sans compter les coquilles d'ercargots et d'huîtres, les vieux chapeaux, les vieux habits, les morceaux de vaisselle cassée, le vieux verre et mille autres objets disparates, dont l'énumération pourrait remplir plusieurs pages. Si bien qu'on finit par se demander non point quels débris sont utilisables, mais bien plutôt quels sont ceux des résidus de la vie humaine qui demeurent sans emploi. La réponse ne saurait être douteuse : en voyant les surprenantes industries qui naissent de tous ces déchets des agglomérations urbaines, on est obligé de reconnaître que tout, absolument tout, trouve son emploi ou son utilisation.

Nous avons aperçu tout à l'heure un tas de vieux bouchons sortir pêle-mêle avec les papiers et les loques, et nous sommes tombés rêveurs. Des vieux bouchons ! que peut-on bien faire de vieux bouchons ?

Beaucoup plus de choses que vous ne croyez.

Ainsi que pour les autres produits, le « triage » est la base du gain du chiffonnier. Il a mis de côté tous les vieux bouchons recueillis par lui ; il les sépare suivant leur état de conservation. Ceux que le tire-bouchon n'a point percé de part en part iront, après nettoyage, fermer les bouteilles des marchands de vin au litre. S'ils proviennent des fioles de pharmacie délivrées dans les hôpitaux ou ailleurs, un lavage à l'acide et un classement méthodique les remettront dans la circulation ; au besoin, ils seront retaillés et revendus comme bouchons neufs. Les bouchons de litres un peu avariés sont découpés en rondelles dans lesquelles on taille des supports de veilleuses.

Les débris de ces déchets sont eux-mêmes recherchés. L'industrie s'en empare, les pulvérise, et après un tamisage convenable les fait cuire avec de l'huile de lin ; la pâte qui en résulte est étendue sur de grandes pièces de toile et forme la base du linoleum, produit très répandu qui aura d'ici peu remplacé la toile cirée de nos pères. Les tapis faits en cette matière sont doux, imperméables, solides et susceptibles de recevoir par impression une décoration d'une certaine valeur.

Il y a mieux encore.

Il n'est point de Parisien qui n'ait plus d'une fois remarqué la quantité énorme de bouchons charriés par le fleuve à certaines époques. C'est quand les entrepôts de Bercy et de Saint-Bernard procèdent à leur toilette. A ce moment des légions innombrables de bouchons sont jetées à la Seine. Ne vous imaginez pas qu'ils soient perdus ! Entraînés par le courant, ils finiraient par aboutir à la mer après maints arrêts dans les remous du fleuve, s'ils n'étaient pas auparavant recueillis par des sauveteurs intéressés. Montés sur des bateaux, des hommes vont tout le long des rives explorer les anses et les remous ; armés d'une passoire à larges mailles, ils repêchent tous ces fuyards de la cave. On les fait sécher soigneusement, et on les mélange aux débris inutilisables provenant du travail du liège neuf. Le tout est vendu pour garnir le sol des manèges des écoles d'équitation et des régiments. Le pied des chevaux y trouve un terrain élastique et ferme à la fois qui leur épargne la fatigue ; les cavaliers sont assurés contre les accidents résultant de chutes malheureuses, les débutants y puisent une assurance qui seconde leurs efforts.

Tout aussi curieux est le destin de ces vieilles éponges graisseuses, durcies, hors d'usage et d'une résistance incroyable à tous les modes de destruction. Avec les éponges qui proviennent des pansements et des opérations de chaque jour dans les hôpitaux, elles constituent la base de tout un commerce qui n'est pas sans importance.

Étant donné que l'éponge est par elle-même une marchandise d'une valeur assez élevée, on peut se demander comment nombre de camelots et de petits marchands peuvent offrir au public ces éponges blanches, fines, souvent séduisantes à l'œil, qu'ils vendent à des prix surprenants : dix, vingt ou quarante centimes. Ce sont tout simplement des cadavres ressuscités ; c'est la provenance de la rue et la récolte des garçons des salles d'anatomie et d'opérations.

Plongés dans une lessive au bicarbonate, puis blanchis en les passant au chlorure de chaux, ces débris sont ensuite retaillés pour leur rendre une forme acceptable. Enfin, on les plonge dans une solution légère d'acide azotique qui leur donne la senteur fraîche de l'eau de mer.

Si vous ne redoutez point les microbes foudroyants que certains de ces débris contiennent encore en dépit des lavages, si vous préférez l'intérêt de votre bourse à votre sécurité, vous pouvez faire de ces douteuses acquisitions ; sinon, abstenez-vous.

Toutefois il s'en faut que toutes les vieilles éponges puissent récupérer ainsi une nouvelle jeunesse. Il y a des degrés, tout comme dans le maquillage des vieilles coquettes. Ce qui n'a vraiment pas assez bonne figure pour paraître en public est utilisé par les administrations pour garnir les encriers des ronds-de-cuir de toutes classes. Les débris les plus menus et le produit de la retaille vont s'enfouir dans les entrailles des petites lampes à essence vendues à bas prix dans les bazars.

Veut-on un autre exemple de l'utilisation des débris de tout genre ? Il n'y a qu'à se demander ce que peuvent devenir ces quantités innombrables de boîtes de fer-blanc de toutes provenances, de toutes dimensions, ayant contenu des conserves alimentaires, sardines, thon, petits pois, légumes variés ou gâteaux secs.

Ce qu'elles deviennent ? Oh ! bien des choses inattendues.

Autrefois dédaignées, repoussées même du tas de « gadoue » amassé par les cultivateurs, les boîtes de sardines ont eu, depuis trente ans, des destinées presque brillantes. Elles sont la base d'une industrie sérieuse.

Tout objet manufacturé en fer-blanc et contenant une parcelle quelconque de soudure est, pour ce commerce spécial, une boîte à sardines. Il s'agit d'en extraire l'étain qui a servi à en fixer les diverses parties et à la fermer, car cet étain est un produit qui ne se vend pas moins de un franc à un franc trente centimes le kilogramme.

Lorsque, par l'entremise des marchands et des chiffonniers, qui ont d'abord prélevé chacun leur bénéfice, le fondeur a réuni un lot suffisant, — une montagne, — de boîtes à sardines, il élève sous une immense cheminée une pyramide composée de couches alternées de copeaux et de boîtes. Le feu est mis à ce bûcher d'un nouveau genre, et la massse embrasée est maintenue en activité à l'aide de fourches et de râteaux. Au bout de quelques minutes le brasier s'est éteint, les boîtes se sont disjointes, la soudure qui en retenait les morceaux a coulé comme un ruisseau que les cendres ont absorbé. On retire aisément de ces cendres les fragments de métal, qu'on refond dans une marmite et qu'on coule en lingots. Les cendres sont revendues aux « laveurs de cendres » qui traitent les détritus des ateliers de bijouterie ; on les fait passer dans un *cubilot*, creuset spécial où elles abandonnent les dépouilles précieuses qu'elles renferment encore.

Mais la soudure n'est pas le seul produit de ces boîtes si dédaignées jadis. Le métal bossué, rouillé, déformé, trouve aussi son emploi. Tandis que les morceaux désemparés sont encore chauds, on les aplatit, on les redresse et on les nettoie avec un tampon d'étoupe ; leurs faces sont ainsi comme étamées à nouveau avec le peu de soudure qui y reste attaché. Les morceaux de tôle tant bien que mal étamés donnent ce qu'on appelle du « blanc », les autres prennent le nom de plaques noires.

C'est alors que commence pour chacune de ces catégories une métamorphose merveilleuse.

Avec le « blanc » on fabrique par découpage et estampage ces jouets d'enfants qui, vus de près, sont de vrais petits prodiges d'ingéniosité et de bon marché. Voitures mécaniques ou autres, soldats, fantassins et cavaliers, chemins de fer, toupies, canons, bateaux, chevaux attelés ou en liberté, lanternes, personnages mécaniques, jouets de la boutique à un sou et jouets nouveaux du jour de Noël, tout cela est tiré des flancs d'une vieille boîte à sardines.

Les parties inutilisables pour cet usage, — et ce sont les plus

L'écrasement de la ferraille.

nombreuses, — ont d'autres destinées. Toujours au moyen de l'emporte-pièce, on les transforme en bobèches pour lanternes vénitiennes par l'assemblage de deux morceaux, le fond et le tour, découpés convenablement, puis réunis. C'est par millions qu'il faut compter le nombre absorbé chaque année pour les illuminations publiques ou privées.

On trouve dans les mêmes matériaux les supports de veilleuses auxquels les vieux bouchons de tout à l'heure servent de flotteurs.

On y trouve encore le fond des gros clous à tête de cuivre si employés, d'après leur taille, par la bourrellerie pour orner les colliers et les harnais des chevaux de roulage, ou par les tapissiers pour orner les « vieux » meubles qu'on fabrique en si grande quantité.

Mais leur emploi le plus courant consiste à former l'âme des boutons plats recouverts d'étoffes qui garnissent nos gilets, nos habits et nos redingotes.

Puis, quand tout cela est sorti de ces lamelles informes et décolorées, il reste encore des résidus auxquels on demande d'alimenter de nouvelles industries. Ces copeaux, ces rognures iront, suivant les caprices du sort, soit se perdre dans les flancs embrasés des vastes *cubilots* qui travaillent la fonte, soit se dissoudre dans les cornues des usines de produits chimiques et se transformer en sulfate de fer pour être ensuite répandus comme désinfectant ou comme engrais stimulant.

Si le chiffonnier tire un si intéressant parti de ces résidus d'un vulgaire métal, il pratique non moins ingénieusement l'art d'utiliser, après les avoir assemblés, les restes de métaux précieux. Nous l'avons vu alimenter l'industrie du fondeur et du laveur de cendres, voyons-le maintenant fournir ses instruments de travail au « laveur de porcelaine » et au « fondeur d'étain et de plomb ».

Vous possédez une vaisselle somptueuse où l'or et la peinture se disputent la place pour décorer les pièces de votre service ; vos étagères sont chargées de tasses, de soucoupes, d'objets non moins richement décorés. Vous ne vous étonnez point outre mesure lorsqu'un accident ou une maladresse vient vous priver d'une ou de plusieurs de ces pièces : vous en souffrez probablement parce que l'objet a peut-être une origine qui vous tient au cœur, mais vous reconnaissez qu'il a simplement subi son sort fatal.

La conclusion de votre malheur est que les débris de l'objet affectionné sont jetés à la rue. Si cela vous est une consolation, sachez que votre infortune fait le bonheur d'un autre. Le chiffonnier est là, toujours là, pour ramasser les éclats de votre porcelaine, ceux du moins sur lesquels il aperçoit des traces d'or. Il les emporte soigneusement et les ajoute à un tas uniquement composé de tessons de même nature.

Vous êtes souffrant ou vous croyez l'être ; aussitôt les eaux minérales les plus réputées, Vichy, Pougues, Bussang, etc., viennent remplacer sur votre table l'eau de source plus ou moins mélangée d'eau de Seine à laquelle vous attribuez votre malaise. Elles y prennent place coiffées d'une capsule brillante frappée d'une empreinte attestant leur provenance. Si vous n'êtes point indisposé, ce sont alors les vins fins, le champagne, qui arrivent fièrement encapuchonnés. Disons-le tout bas, il se trouve parfois que l'habit de votre nectar est d'autant plus orné que son infériorité est plus manifeste. Jusque dans notre verre le clinquant domine, à notre époque de faux luxe et de dehors trompeurs.

Le lendemain, toutes les coiffures des fioles vont rejoindre au tas d'ordures les balayures de vos festins. Mais on sait bien les y retrouver et les récolter avidement.

Il en est de même du papier dit d'étain, qui enveloppe le

Les os.

chocolat. Cette pellicule en plomb légèrement additionné d'étain ne sera pas perdue davantage.

Lorsque de chacune de ces matières le récoltant a réuni un monceau suffisant, le plomb et l'étain sont cédés à des fondeurs, qui les revendent après affinage aux fabricants spéciaux pour en confectionner d'autres capsules et d'autres feuilles; de sorte qu'en voyant apparaître sur votre table une bouteille coiffée de son chapeau, vous pourriez presque lui demander combien de fois déjà elle a franchi votre seuil.

Les débris de porcelaine qui contiennent des traces d'or sont cédés au « laveur de porcelaine », qui les soumet à un bain d'eau régale. Lorsque le bain est saturé, l'opérateur procède par évaporation, et le métal enlevé reste au fond de la bassine.

Le feu même qu'il faut entretenir pour cette extraction productive est alimenté à son tour par de vieux cadres dorés, des patères, des débris de boiseries renfermant des traces d'or. Le métal fond à la chaleur, et les cendres sont ensuite traitées par un « laveur de cendres ».

Tout le talent, pour le récoltant comme pour l'opérateur, consiste à apprécier aussi exactement que possible la quantité d'or contenue dans les monceaux informes où il est enfermé.

Et ce ne sont pas seulement les tessons de notre vaisselle avariée qui sont ainsi traités, ce sont : les vieux boutons d'uniformes ou de livrées, les vieilles épaulettes d'officiers, les broderies éraillées de tous fonctionnaires, depuis l'ambassadeur jusqu'au modeste sous-préfet, les pommes de cannes, les vieilles décorations, les costumes de théâtre; en un mot, tout ce qui porte encore trace de dorure.

A leur tour, laveurs de porcelaine et de cendres vont porter le produit de leur travail à l'affineur de métaux précieux, et cet or, poussé au fumier il y a quelques jours, reparaît rajeuni et fringant au cou, au bras ou au doigt d'une élégante dont il forme le collier, le bracelet ou la bague.

Nous constatons à propos des matières les plus diverses ce même travail de transformation. Nous ne pourrons qu'énumérer; les examiner tous entraînerait à passer en revue, peut-on dire, presque toutes les industries.

Les vieux os, qu'ils proviennent directement de l'abattoir ou qu'ils sortent du pot-au-feu familial, représentent une des meilleures sources de profit pour ceux qui les exploitent. Ils alimentent de grosses et importantes industries : la tabletterie, la brosserie, la coutellerie, la fabrication des boutons, celle des éventails.

Ceux qu'on recueille dans notre pays ne suffisant pas, il en arrive des divers points du globe, de la Plata, de l'Australie, des États-Unis, par navires entiers.

Les résidus sans forme de toutes ces fabrications sont eux-mêmes les éléments d'une autre industrie. Les usines de produits chimiques les transforment en bleu de Prusse ou bien en superphosphate et en divers engrais chimiques dont l'agriculture fait un grand usage.

Tout ce qui, dans le langage technique, ne constitue pas l'os de travail, est classé comme os à brûler.

Avant de le lancer dans son dernier avatar, on lui soustrait encore de la graisse, de la colle et de la gélatine. Enfin on le brûle. Si l'on fait contribuer l'air à cette opération, c'est-à-dire si l'on fait brûler l'os à l'air libre, les cendres qui en résultent se transforment en poudre dentifrice, en coupelles pour l'affinage de l'argent, et se mélangent à la pâte du verre pour obtenir du verre opaque. Les cendres d'os de qualité inférieure sont converties en phosphore après plusieurs opérations.

Si le brûlage se fait en vase clos, on obtient le noir animal, substance d'une importance de premier ordre pour le blanchiment du sucre ; puis quand il a, sous cette forme, épuisé ses facultés décolorantes, il reprend le chemin du four pour donner un noir employé en peinture, sinon il va finir dans les sillons du cultivateur, ou plutôt il commence un nouveau cycle en nourrissant les plantes qui alimenteront d'autres animaux.

Citons seulement pour mémoire les déchets de caoutchouc : vieilles jarretières et vieilles bretelles, élastiques éreintés de bottines lamentables, vieux tuyaux à gaz ou provenant de clysos, balles à jouer, instruments de chirurgie, etc. On en tire, suivant l'état de ces invalides, soit des ressorts qui, par torsion, actionnent des jouets mécaniques de toutes sortes, soit une sorte de poudrette qui se mélange au caoutchouc neuf absolument comme du bitume vierge est mélangé aux morceaux de vieux bitume concassé pour la réfection des trottoirs.

Et si nous voulions examiner ce qu'on fait des vieilles chaussures éculées ! Nous en sommes bien dédaigneux ; d'autres n'agissent pas comme nous. Sans compter les malheureux qui trouvent encore le moyen de s'en faire honneur, il est plus d'un rôle réservé aux divers morceaux des bottes les plus misérables.

Quand leurs jours sont finis, bien finis, on les dépèce : chacune de leurs parties, soigneusement mise à part, retourne prendre une place précise dans la confection des chaussures neuves.

Ce travail de dépeçage alimente certains ateliers des prisons de Paris ; on y prépare les *cambrures,* les *contreforts,* les *brides* de galoches dont l'industrie du neuf a besoin pour donner à ses produits la résistance nécessaire. On y découpe aussi les rondelles de cuir qui terminent le corps des parapluies. Enfin, toutes les *ráclures* et la *crasse* deviennent de l'engrais fort recherché ou du cyanure de potassium, insecticide aussi dangereux qu'efficace.

Malgré tout notre désir, nous ne parlerons point des peaux de lapins pour deux raisons :

La première est qu'il faudrait presque un volume pour expliquer tout le parti merveilleux que savent en tirer la chapellerie et toutes les industries préparatoires de cette importante fabrication.

La seconde raison est qu'il nous en coûte singulièrement d'enlever à la plupart de nos dames une de leurs plus chères illusions touchant leur toilette. Jamais nous ne nous résignerons à leur dire que non seulement la peau de lapin alimente l'industrie de la chapellerie, mais qu'elle alimente surtout le commerce de fourrures. Comment démontrer de sang-froid, avec quelque chance d'être écouté, que la majeure partie de ces mirifiques chats de Russie, loutres, martres du Canada, mouflons, castors, petits-gris ou visons d'Amérique, ne sont, la plupart du temps, que des peaux de vulgaires lapins ?

Nous sentons nous manquer le courage d'affronter les colères féminines soulevées par une telle révélation, surtout en présence de personnes « qui s'y connaissent ».

Nous jugeons préférable d'aborder un sujet moins scabreux, et de terminer cette revue des résidus en vous montrant ce que deviennent les restes de votre table.

« Les restes de ma table ! mais on les sert de nouveau chez moi, car rien ne s'y perd, nous répondra très dignement une maîtresse de maison vigilante.

— Pas tous, madame, tant s'en faut ! dirons-nous à notre tour. Peut-être ne soupçonnez-vous pas le trafic auquel donne lieu votre dessert le lendemain d'un de ces grands repas que, pour plus de commodité, vous commandez en bloc à un spécialiste réputé. Vous ne vous êtes probablement jamais inquiétée de ce que devenaient les restes de vos repas de noces quand vous réunissiez, dans quelque hôtel somptueux, votre famille et vos amis, de ces banquets auxquels la situation de votre mari l'oblige de temps à autre à prendre part, où bien encore de ces repas de gourmets faits dans les grands restaurants. »

Tout cela s'utilise, est resservi sous d'autres apparences, est donné ou revendu.

Dans les restaurants de second ordre, les coquilles Saint-Jacques, les timbales de poissons et généralement tous les plats composés de menus morceaux de volailles ou de poissons fins sont ordinairement fournis par les dessertes sus-mentionnées. Nous voulons croire qu'il n'y entre que les morceaux surabondants des plats présentés aux convives.

Ce qui garde bon aspect est mis soigneusement de côté et revendu aux marchands d'*arlequins*.

Dans les maisons opulentes, où il n'est point d'usage de faire reparaître sur la table un morceau entamé, où il serait indigne des domestiques de manger le bœuf ayant servi à la confection du bouillon, ces restes sont le profit des gens de cuisine, qui les revendent.

Des commerçants spéciaux s'entendent avec les chefs des restaurants et des grandes maisons pour leur reprendre ces restes, qui sont ensuite triés, réunis, groupés savamment, puis offerts, sous un pavillon des Halles, à ceux que la pénurie de leurs finances oblige à ne pas se montrer difficiles.

Pour un prix dérisoire, les Lucullus du pavé peuvent ainsi se régaler de gibier, de poulardes truffées, de poissons fins, de foie gras, de toutes les bonnes choses, en un mot, qui sont d'ordinaire réservées aux riches.

Si l'on veut réfléchir à ce qui se consomme chaque jour à Paris de filets sauce madère, de saumon sauce verte, de soles normandes, de langoustes, de dindes truffées ou non, de cuissots de chevreuils, dans les repas de noces et de corps, on ne s'étonnera plus d'en retrouver les épaves nombreuses trônant chaque matin majestueusement aux Halles.

Le commerce des *arlequins* consiste à offrir aux amateurs peu fortunés ces restes précieux.

Jadis l'*arlequin,* — que les dictionnaires dénomment un reste de viande, — était un composé de toutes les dessertes empilées pêle-mêle dans une bassine. Moyennant la minime somme de cinq ou de dix centimes, le consommateur était armé d'une immense fourchette à deux dents aiguës avec laquelle il plongeait une fois, rien qu'une ! dans la masse. Suivant sa chance, il ramenait un morceau de volaille, un fond d'artichaut, une carrotte bouillie, un filet de turbot ou une croûte de pâté ; ce qui faisait implorer et bénir le fameux hasard de la fourchette.

Ces mœurs simples ont disparu. Le goût s'affine, le client devient chaque jour plus difficile ; il n'admet plus la démocratique promiscuité des mets d'autrefois. De sorte que les arlequins apparaissent maintenant en portions séparées, rangées d'une façon appétissante sur de petites assiettes alignées sur l'étal comme pour un banquet populaire. Les viandes sont avec les viandes, les poissons avec les poissons, et aussi les légumes. La sauce mousseline ne fraie plus, comme jadis, avec celle des tripes à la mode de Caen. La sélection s'est imposée là ainsi que dans le choix des animaux de race.

Ce commerce, qui laisse à plus d'un viveur ruiné le souvenir de son luxe passé et à plus d'un loqueteux l'illusion de la richesse, est le gagne-pain de quelques femmes qui se le transmettent de génération en génération comme un héritage précieux. Il en est qui y trouvent une petite aisance, car elles y réalisent un gain quotidien variant entre cinq et huit francs.

Mais hâtons-nous de dire que toutes les dessertes ne sont pas vendues. Il en est qui prennent un autre chemin que celui des Halles. Pour l'honneur de l'humanité, il est des établissements tenus par des gens respectables, il existe des maisons de gens opulents qui donnent à tous ces restants une destination plus noble et les purifient par la charité en les réservant pour les vieillards hospitalisés par les Petites Sœurs des pauvres.

Quel Parisien, arpentant de bon matin la ville, n'a pas rencontré la petite carriole si populaire de ces anges de bonté? Il est bien reconnaissable, le modeste équipage! C'est généralement une façon de petite tapissière fermée de toutes parts au moyen de toile cirée, avec, sur le devant, une banquette peu rembourrée où siège une sœur à côté d'un vieux, le moins invalide de la maison, qui conduit l'attelage. Dans le fond, une autre sœur se tient au centre d'une série de récipients en fer-blanc, luisants comme de l'argent, coiffés d'un couvercle et destinés à recueillir le produit de la tournée quotidienne.

Un pauvre petit cheval ou quelque vieux coursier, trop peu vaillant pour un travail soutenu, traîne le tout de porte en porte. Aux maisons secourables la voiture s'arrête, l'une des sœurs descend son seau à la main, et se dirige à travers la haie respectueuse des garçons occupés au ménage matinal. Elle reparaît bientôt chargée de son aubaine, qu'elle passe à sa compagne, et, pendant que la voiture se dirige vers un autre point, le triage se fait par catégories bien définies.

Dans les maisons opulentes, le procédé est le même. Le chef et ses marmitons ont des ordres; les restes de la veille sont là, tout prêts pour leur sainte destination, et, disons-le avec joie, scrupuleusement respectés.

Ce sont les grands estaminets qui fournissent la meilleure part de cette pieuse glane. Au lieu de jeter à la rue le marc de

café, ils le réservent pour les vieillards des Petites Sœurs des
pauvres. Si épuisés qu'il soit, on en tire encore une décoction
qui fait la joie des pauvres vieux.

Ces industriels ont toujours la devanture de leur boutique garnie
des victuailles les plus alléchantes.

La nourriture des centaines de vieillards recueillis par ces
admirables servantes des déshérités est assurée au moyen de
ces restes proprement traités. Le meilleur est réservé pour leurs
pensionnaires; quant à elles, elles se contentent des rebuts.

Comme tout cela ne leur donne que la peine de les recueillir, on comprend sans difficulté les énormes gains réalisés dans cette spéculation; aussi le fisc, personne dont la vigilance ne s'endort jamais, a-t-il trouvé moyen, en les écrasant d'impôts monstrueux, de faire rendre gorge à ces intrigantes Petites Sœurs des pauvres, qui concurrencent et ruinent les malheureux hôteliers et les intéressants débitants de boissons.

Tel est le sort réservé aux restes des tables surabondantes. Mais il y a les miettes, si l'on peut s'exprimer ainsi, qui ont également leurs avatars.

Les croûtes de pain, si nombreuses partout, sont recueillies avec soin, triées, classées, revendues pour plusieurs usages. Les meilleures, les plus propres vont reparaître dans les petits restaurants, nageant dans un liquide chaud, édulcoré, usurpant le nom de consommé. Elles sont devenues, dans ce nouvel état, des « croûtes au pot ». Les restaurants et les collèges ne suffisent pas à consommer ces résidus. Les moins bonnes de ces croûtes, même celles qui proviennent des balayures, sont resservies à la clientèle sous diverses formes. C'est l'affaire du boulanger en vieux.

Le boulanger en vieux est un artiste en son genre. Il possède à fond les secrets nécessaires pour faire reparaître sur les tables luxueuses les plus affreux croûtons, même ceux que les chiffonniers, qui ne laissent rien perdre, ont récoltés sur les tas d'ordures et dans les ruisseaux.

Lavées, grattées, puis passées au four, où elles revêtent une belle couleur d'or, toutes ces épaves se transforment, selon leurs dimensions, en appétissants canapés pour servir les cailles rôties et autres oiseaux fins, en garniture de plats savamment cuisinés en croûtons fièrement plantés sur vos épinards ou votre chicorée, en petits dés croquants et baignant dans le potage à la purée que doit offrir à ses clients tout restaurateur qui se respecte.

Les plus petits morceaux, bien grillés, sont ensuite pulvérisés, puis tamisés à différentes grosseurs et forment la chapelure, la secourable chapelure, qui dissimule si bien les défectuosités des morceaux de bas étage ou qui sert à parer les fromages et les chefs-d'œuvre de la charcuterie : jambonneaux, pieds truffés, côtelettes, etc.

Les parties brûlées de toutes ces grillades ont aussi leur destinée. Renfermées dans des boîtes élégantes, après un broyage sévère, elles constituent d'excellente poudre dentifrice et vont occuper une place des plus honorables dans les produits des parfumeurs.

Et vous croyez peut-être avoir épuisé la série des ressources que présentent les rogatons de tout genre ? Détrompez-vous. En matière alimentaire, tout s'utilise et tout ressert. Ignorez-vous qu'en jetant à l'égout vos eaux de vaisselle vous perdez une valeur précieuse ? Les établissements qui comptent un nombreux personnel ne l'ignorent pas, et ils en font argent, ou plutôt ils en laissent le profit aux employés de cuisine.

Ces eaux sont vendues à des entrepreneurs spéciaux, qui se font bel et bien adjuger aux enchères celles qui ont servi à la vaisselle des hôpitaux, des collèges, des restaurants. Le prix est en raison de leur richesse en principes utilisables, ce qui explique pourquoi, en passant devant leur « laboratoire », on voit les « plongeurs » de ces établissements immerger la vaisselle sale dans une immense bassine maintenue chaude et dont l'aspect seul soulève le cœur de dégoût. Le « plongeur » habile ne se préoccupe pas tout d'abord de la netteté des assiettes dont il a la charge ; il se soucie principalement de produire une bonne « eau grasse ». Bien chaude, elle suffit à débarrasser les pièces de leurs souillures ; elles sont ensuite plongées dans un baquet d'eau froide, où s'opère le vrai nettoyage.

Ramassées chaque jour dans des voitures spéciales, ces eaux sont centralisées par certaines usines qui en tirent un double profit. Elles sont d'abord soumises à un grossier filtrage qui permet de recueillir les parties solides tenues en suspension, et qui formeront la nourriture de porcs mis à l'engrais.

Il est, près de Paris, telle usine que nous pourrions nommer, qui engraisse chaque année plus de quinze mille porcs au moyen de cette unique nourriture.

L'eau est ensuite traitée pour en extraire la graisse. On y incorpore toutes les charognes, toutes les écumes que des bateaux frétés dans ce but vont recueillir dans la Seine, près de barrages *ad hoc,* au débouché des égouts collecteurs.

Quand cette diabolique mixture a été cuisinée selon la formule, on a obtenu des pains de suif dont le plus grossier est consacré, après un nouveau travail, au graissage des machines ou à la fabrication du cambouis. Le plus fin, convenablement épuré, contribue à la fabrication de la margarine et reparaît sur notre table sans que nous nous doutions de sa provenance.

Après tout, il n'est pas plus répugnant que les tonnes de graisses envoyées d'Amérique, dévorées par les asticots, et que des industriels sans préjugés convertissent en fine oléo-margarine trop souvent donnée pour du beurre des « meilleurs herbages ».

Enfin, soulagée de toutes ces impuretés, l'eau forme elle-même un fertilisant recherché.

Il manquerait un trait au tableau de l'industrie des arlequins, si je négligeais de dévoiler le procédé grâce auquel les restaurateurs à bas prix donnent à leurs clients un choix de plats si variés pour une somme aussi minime.

On a remarqué que ces industriels ont toujours la devanture de leur boutique garnie des victuailles les plus alléchantes : superbes filets de bœuf, volailles débordant de gras fondu, poissons dignes d'une table princière, fruits merveilleux. C'est une débauche pour les yeux et une provocation pour l'estomac. Et, presque toujours, le client qui demande au garçon un des mets exposés, reçoit cette réponse :

« Monsieur, le filet (ou le poisson) est réservé pour le dîner de ce soir. »

Le soir venu, l'objet est réservé pour le déjeuner du lendemain.

La vérité est que le client candide qui, sur la foi de la carte ou de la montre, s'imagine pouvoir se régaler de toutes ces bonnes choses, est nourri principalement avec les restes des restaurants, des tables d'hôtes, et avec des viandes de basse qualité. Les belles pièces qui l'ont séduit n'appartiennent pas à l'établissement ; elles sont simplement louées. Elles sont la propriété de quelque boucher du voisinage, qui « prête » pour vingt-quatre heures ses plus belles culottes de bœuf, d'un fruitier qui « prête » aussi ses plus beaux fruits. La poissonnerie également loue ses langoustes, ses saumons et ses brochets.

Mais on conçoit que ces « prêts » ne sont pas désintéressés. L'amorce se loue suivant la beauté de la pièce ; en outre, le restaurateur est tenu de se fournir chez ses compères, qui écoulent ainsi, par son entremise, les denrées qu'ils ne peuvent débiter à leur clientèle bourgeoise.

Et maintenant, si l'on consent à surmonter les répugnances

légitimes que peuvent éveiller certaines des opérations auxquelles nous venons d'assister, si l'on veut bien s'élever jusqu'à leur sens philosophique, on reconnaîtra volontiers que l'industrie qui utilise ainsi, sans en perdre un atome, les matières les plus infimes comme les plus dédaignées, mérite une certaine considération et remplit certainement un rôle social qui n'est pas une des moindres curiosités de notre monde civilisé.

FIN

TABLE

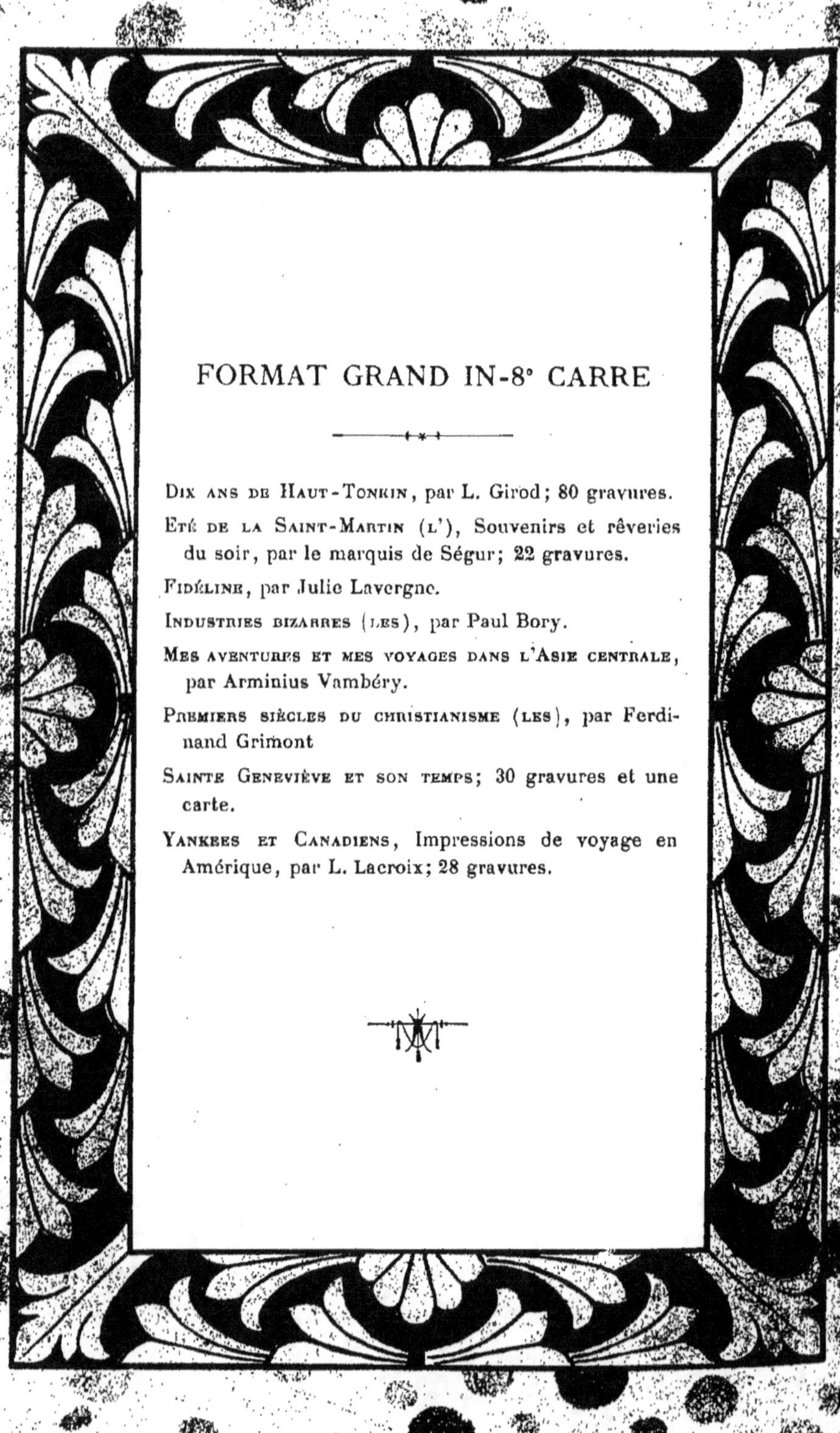

FORMAT GRAND IN-8° CARRE

Dix ans de Haut-Tonkin, par L. Girod; 80 gravures.

Eté de la Saint-Martin (l'), Souvenirs et rêveries du soir, par le marquis de Ségur; 22 gravures.

Fidéline, par Julie Lavergne.

Industries bizarres (les), par Paul Bory.

Mes aventures et mes voyages dans l'Asie centrale, par Arminius Vambéry.

Premiers siècles du christianisme (les), par Ferdinand Grimont

Sainte Geneviève et son temps; 30 gravures et une carte.

Yankees et Canadiens, Impressions de voyage en Amérique, par L. Lacroix; 28 gravures.